大展好書 好書大展

命理與預言17

六星命運占卜學

馬文莉／編著

大展出版社有限公司　印行

大展好書 好書大展

前言

大家都說「八卦準，八卦不準」，好像算命有時不準，人們也覺得沒什麼。去算命的人大概也覺得反正準不準都無所謂吧！

也許有人認為命運掌握在自己手中，僅憑算命是無法斷定一切的。可是相信有更多的人相信算命，並希望藉算命指引未來的路。

每年算命師的人數不斷在增加，大都市裡各種人相、手相、西洋占星術、血型占卜等各行各業一家接著一家開，年輕女性到處在找算命的。不過，算命師的程度逐年在下降這也是事實。

很多人勤練卡拉OK，最後變成歌手，最近也有一些人自己研究算命，然後在學校或是公司幫朋友、同學算的。有些人是玩票性質好玩而已，可是也有一些人只學了一點點皮毛，也沒有正式的學，就掛牌幫人家看相。

目前，國內尚無算命需執照的規定，若你真的想把算命的結果當作你的人生指標，最起碼也要找個有名一點的算命師。

當然不是說玩玩的就不好。若你還年輕，煩惱也不是那麼嚴重，用算命來做做消遣，還不至於有什麼負面影響。

不過，當人站在人生的十字路口時，若沒有做出正確的抉擇，往往對人的一生有相當大的影響。若在迷惘時又剛好聽了一些錯誤的訊息，以致造成錯誤的決定，那你的人生可能就完了。

當你正面臨抉擇而迷惑不定時，若聽了不是很靈光的算命師的話，你的一生可能也因此而毀了。這對一個人是相當大的損失。

在今日算命愈來愈熱門的同時，沒有學問根基，而只是純粹好玩的算命，竟也愈來愈多。

他們穿著奇怪的服裝加上一些道具，假藉宗教或算命之名，其實說的話根本不足採信。

六星命運占卜學是教你了解自己的屬星，以乘命運之波，渡過幸福的一生。你可了解自己並知道對方。

人一生不可能永遠平順，總有高潮也有低潮。有意氣風發之時，也有跌落谷底之時。

人當中，有人總選到不幸的路，也有人感嘆地說：「我是那麼的努力，為什麼不幸卻總跟隨著我？」從六星命運占卜來看的話，以命運學來說，很多是命運註定的。

因為很多人不曉得自己的屬星，而違背原本該走的路。

人的運勢有時強有時弱，每個人也有合自己的八字，人的浮沈、不幸、成功、失敗等，原則上都與八字與運勢有關。

若違反了自己命運的原則，你的人生當然不會順遂。若你在不適當的時期，遇上了不該愛的人，很可能會引起疾病或是發生不幸的事故。

此時，若你老覺得「自己明明沒錯，為什麼這麼倒楣？」這其實是你不明白造成不幸的原因，而把罪過怪在周圍的人身上，終究問題還是無法解決的。

人的一生中都會有運氣不佳的時期，這個時期也可稱為人生的冰河期。這在六星命運占卜學就叫做極惡期。本書要提醒您在極惡期應注意的事項，同時，也要為您介紹「十二支推秘術」、「五運術」。

在人類漫長的歷史中，自古以來，人們就在研究命運。但是在把這種命運運用在戰爭及治國的時代，一般人對命運是不太瞭解的。不過，不管時代如何改變，最重要的部份還是只流傳於一部份占卜家的「秘傳」與「秘訣」。

本書讓一般人都看得懂。當你處於困境而迷惘，想要知道自己運氣不好的原因時，本書一定可以為你解答。

本書還可以幫助你在回首以往的生活方式之同時，找尋今後前進的路。

換句話說，六星命運占卜可幫助你正確了解自己的運勢、也可了解自己的好運、壞運，同時還可以理解未來。

生年月日決定你命運的強、弱，「六星命運占卜」一定可以對你的戀愛、結婚、工作都有所幫助。

好的時候、壞的時候，隨著命運做正確的努力，你的命運也會漸漸打開，步向美好人生。

目錄

2章 認識命運的波動

——命運周期表出現「強殺」時

3章 不可思議的命運八字
——幸運的八字，不幸的八字

第4章 開運的關鍵在強殺期
——與魔相處之道

第5章 命運加強法使你掌握幸福
——活用秘傳「五運術」「十二支推秘術」的方法

——序言——

何謂六星命運占卜學

●逃不掉的「輪迴」法則

「萬物流轉」這句話源自於二千五百年前的古代希臘哲學家黑拉克雷多斯。存在這世界上的包括月亮、太陽、人類，以及人類造出來的東西都不是「永遠不變的」。比黑拉克雷多斯更早，自古以前就流傳而來的易學，以及現在最新的宇宙物理學也一樣，二者皆主張宇宙＝世界，是會發生變化的。

變化其實也有一定的法則。就像果實在春天發芽，不久就到了盛夏，接下來秋天結果實，再來所有一切都死亡，冬天也跟著來。從春天到冬天，幾世紀幾千幾百年以來都一樣，萬物隨時間的變化而流逝。

自然界没有任何一樣東西可以違背這種法則。動物從出生、死亡，到留下子孫，這條路一直不斷地重複。植物先形成種子，不久發出芽，再來開花、結果、最後乾枯死去。動物，植物都是如此了，人類當然也逃不過這個「輪迴」的法則。

中國的陰陽、五行說、易學（與易經不一樣），便是觀察這些萬物的變化而產生的。這個世界有「陰」、「陽」之外，還有「木」、「火」、「土」、「金」、「水」。自然界一切都由陰、陽所構成。萬物便是藉由與陰陽與五氣的結合，交錯而產生變化。太陽昇起（陽的狀態），不久就下沈（陰的狀態）。木燃燒成火，火燃燒成灰，最後化爲土……。

不過，六星命運占卜則不同於以往的說法，它不主張「所有皆生而有命，無法加以改變」。以往也都認爲「火因水而消失」，而它則認爲「火的大小會因水的多寡而有所改變」。

比方一根蠟燭的火可用一杯水就使它熄滅，而一堆火就無法用一杯水使其熄滅，所以，火有時是可以抵抗水。六星命運占卜學不認爲「水一定可以滅火」，它並且教生而有「火」的人如何去抵抗「水」。

●支配你的命運的六個「支配命」

人活在這個世上有其它動物所沒有的，那就是「心」。

而人類的「肉體」與其他動物則沒有什麼不同，只是人類擁有「心」。這個「心」會依個人的生年月日—也就是出生時間能量的平衡，這六個部份的成分也各不相同。

人類「肉體」與「心」是因生年月日而區分成六個種類。我所研究的六星占卜學便是人類出生時所具備的能量的特質，也就是每個人出生時所具備的特質。

當六個命運移動便可看到那個人與生俱來的資質，也可看到他的命運，如此一來，便可預測那個人的命運，這便是六星命運占卜學。

●沒有生命＝能源的無法卜算

六星命運占卜學也是算命，可是所謂的「算命」到底是什麼呢？

「算命」這個詞從以前就有，本來「算命」的意思是「決定」，「決斷」。不過不曉得從何時開始，它也包含了「預測」的意思，現在則演變成「預測」的意思佔比較多。

生命活在宇宙及空間中，它不斷地變化、移動，並且有能量，由過去，現在移動到未來。

在人類所生存的空間中，草木、動物、人存在於地球上，空氣及宇宙的所有能源則支撐我們活下去。

若這個地球沒有了空氣，那所有地球上的生物便會死亡。

也就是說所有活著的東西都需要生命的能源，一旦失去了它便無法活下去。

要預測天體的移動及社會現象，則必須具有生命能源且是活的東西。死掉而沒有生命能源的東西因爲已經停止了，當然就不會有變化。命運因不斷地在變化，故沒有生命能源的東西當然就不能算了。

說到人類的命運，只能算出從出生到死亡的這段時間，也因爲活著，其幸與不幸才會隨著時間變化。

命運是從出生到死亡這段時間才有的，運勢則是人類生命能源强、弱的表現。因此，命運與運勢是完全不一樣的東西。

六星命運占卜學也只能推算出活著時的事，至於生前及死後的事則無法推算。若是很認真地要了解自己的命運及預測自己的未來，這點則要注意。

●生下來就已決定能源的性質

六星命運占卜學的六顆星就是支配命運的星星，它含有生命能源的屬性並將命運分門別類。

你擁有何種生命能源，被何種命運所支配，這些都在你出生時就決定了，也就是由你的生、年、月、日所決定。若把這六種星星的命運比喩成植物的話，有的人就是仙人掌，有的人是稻子，也有的人是玫瑰或是蘭花；有的人艷麗，有的人知識豐富，也有的人善於克服困境。每個人各具魅力，各有優缺點。

仙人掌與稻子，或是玫瑰與蘭花，它們的命運終究不同。稻子最好是結成豐碩的果實，仙人掌則是在惡劣的環境中生存下去並繁衍子孫，玫瑰和蘭花則是開出美麗花朵。若把仙人掌施予與稻子相同的水、肥料，它一定會枯死，這就好像做同樣的事，有的人成功而有的人卻失敗，這其中道理是一樣的。

你若想讓自己的命運更好，首先就必須知道自己的支配命，接著看自己的支配命在哪一種狀況最理想，並朝那個方向努力，使自己免於不幸，迎向幸福的人生。

此外，再了解自己支配命的強、弱時期，以訂定自己「活動」與「休息」的計畫，如此一來才會充分運用生命。

依照不同的時期，若在好的時期可加入什麼計畫才好，在壞的時期應該避免什麼？多注意這些，便可幫助你實現願望，並讓自己的生活多彩多姿。

因此，首先要知道直接影響一個人命運的「十二支」。

●「殺命」十二支與十二支的「支配星」

一講到十二支，大家一定會立刻想到年的「干支」。到目前爲止，大家只有在寫賀年卡的時候會想到這個字。其實十二支本來就與易學有很深的關係，它是植物生長的過程與狀態，且表示了一年十二個月寒暑的變化，還有時間與方位也都與它有關。

你出生在何年。像接下來我要說的，六個支配命會依個人出生那年的十二支區分成「陰」、「陽」，最後變成十二個支配星。然後每一個支配星再隨著自然的轉換成爲命運的一個周期：背信→殺命→精算→開拓→生長→決定→健退→人氣→浮遊→再開→果報→充實。

支配星在某個特定的十二支「魔」時就是「殺命」。你在殺命的前後三年期間就叫做「强殺期」，此時命運的能源很弱，做什麼事都會不順利。若你與那殺命的十二支或是在其前後出生的人結婚，即使已在强殺期外也一樣，運氣不會很好。

此外，方位也是用十二支來表示，所以若朝强殺的方位，一樣也會有不好的影響，會使原來的好運轉向，變成惡運。

職業、顏色、寶石等也全部都區分爲十二支，所以這世上的支配星，都會影響到你的命運。

●即使是相同的支配星、每個人的命運也不一樣

自古以來就有「干支算命」，但因只把十二支的動物之行動及個性比成人，且只有十二個型，可信性自然就比較低。若研究六個支配命，十二個支配星與十二支的關係，人在出生的那一刹那，便與無數的十二支相遇，命運也跟著開始變化。

即使是相同星出生的人，由於本人的支干不同，父母親的干支不同，住家玄關方位不同，職業不同，結婚的對象不同，當然命運也就不相同。

比方你去旅行的方向不同，就有可能是丟掉小命一條，或是遇到你終生的伴侶，所以說命運是相當複雜而神秘的。

六星命運占卜學便是在研究這命運的奧秘，而我們研究它的目的，便是可以好好自我管理，進而指導大家如何使自己開運。

拿出勇氣正視真正的自己，當你從自己的星星中了解自己的命運時，你才可知道自己要選擇什麼才會幸福，才不致於後悔。知道自己的能源何時强、何時弱，才不會枉費努力而不得要領。

命運只不過是自然的直接反映而已，我們人類不可破壞自然，要與命運協調，如此才不會感嘆運氣不好，迎向幸福而美滿的人生。

你的支配命，支配星到底是什麼呢？

第 1 章

找到支配你的星星

——決定你性格與命運的星星

六個支配命與十二個支配星

●「空亡」——天沖殺與「強殺期」

接著，就來找你的支配命、支配星，不過你必須先知道與強殺期非常相似的「空亡」。

甲、乙、丙、丁、戊、己、庚、辛、壬、癸「十干」與子、丑、寅、卯、辰、巳、午、未、申、酉、戌、亥「十二支」，這就是「甲子」與「戊辰」之干支。把十干與十二支一個一個組合起來的話，不管你怎麼組合都會多二支，多出來的二支就是「空亡」。

根據自己的命星，決定哪一支是自己的空亡。有把「子丑」當空亡的，也有「寅卯」、「辰巳」、「午未」、「申酉」、「戌亥」，總共有六種。

四星命運占卜（由出生的年、月、日、時之干支來占卜命運）也有「空亡」或是「天沖殺」。通常空亡在自己出生的那一年會比較不好，當輪到空亡那支時也比較有凶事。有人會說「今年是空亡年」，「現在是天沖殺，所以……」，這就是說空亡的支已來臨了。若往空亡支的方向前進，比較容易發生意外。

這點可信度非常地高，因大多數四星命運占卜的書籍，都認爲「空亡」就是「死亡」

的意思。

爲什麼空亡會有產生這樣的結果呢？到現在仍無法具體的說明。

空亡的理論是很難懂的，在這裡不做詳述，根據御射山宇彥的研究，四星命運占卜說的空亡是二支，這是不對的，且空亡＝天沖殺的期間也不是二年，而是三年。

強殺期也不是空亡。命運的周期繞一圈就結束，之後又會有新的命運產生。當然，爲了全部重生、舊的必須完全消滅。以現象來看，空亡與天沖殺似乎一樣，同樣都是痛苦的時期。能源強弱的周期法則中，命運也有「冬天」的時期。

●水、木、月、火、金、土的六個世界

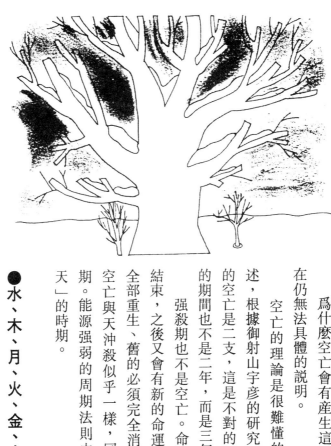

支配命有「水王命」、「木王命」、「月王命」、「火亡命」、「金王命」、「土王命」六種。另外，根據生年月日被算出的殺命有六個種類。

也就是把子丑當作殺命，寅卯當作殺命，辰巳當作殺命，午未當作殺命，申酉當作殺命，戌亥當作殺命，這六種型的命星。

然後又分爲把位於北與北北東的子與丑當作殺命的人（水王命），把位於東北東的寅與卯當作命運起點的人（木王命），把位於東南東與南南東的辰與巳當作命運起點的人（月王命），把位於南與南南西的午與未當作命運起點的人（火王命），把位於西南南與西的申與酉當作命運起點的人（金王命），把位於西北西與北北西的戌與亥當作命運起點的人（土王命）。

●決定你命運的支配星

你必定屬於「水王命」「木王命」「月王命」「火王命」「金王命」「土王命」其中的某一個。知道了自己的支配命，就可知道自己出生下來後的性格及已被決定的命運（與宿命有一點不同），人生的傾向，及全部的命運。

此外，每個支配命都有各自的「陽」星與「陰」星，分爲十二個支配星。若要正確知道自己的命運，就要先知道自己的支配星。

算出支配命與支配星，本來是很複雜的，本書的計算方法只要從生年月日就可算出。本書不談深奧的理論，在二七頁有很容易查詢您的支配命的表，提供您做爲參考。

●算出六個支配命與十二個支配星的方法

(1)看後面的「支配命表」，首先找到你的支配命。

①從「支配命表」的「生年」欄找到你出生的那一年。

②接下來，從右邊的「生月」欄找到你出生的月份。

③當你從「生月」欄往右方找過去，就可以找到你的生日。生日欄每十天就畫分成一段。

④包含你出生日的生日欄的右側就可找到你的支配命。

若是「水」就是「水王命」，「木」就是「木王命」、「月」就是「月王命」，「火」就是「火王命」，「金」就是「金王命」、「土」就是「土王命」。

比方一九六三年四月二五日出生的人就是「月王命」，一九六四年九月二日出生的人就是「水王命」。

(2)接下來，就是找你的支配星。支配星由你所屬的支配命與你的干支（十二支）來決定。

①從「支配命表」的「生年」欄看你出生那年的干支。比方一九六三年出生的人，出生那年的干支就是「卯」，一九六四年出生的人，他的干支就是「辰」。

②出生那年的十二支是**「子」「寅」「辰」「午」「申」「戌」的人，就是「陽」的干支**。

出生那年的十二支是**「丑」「卯」「巳」「未」「酉」「亥」的人，就是「陰」的干支**。

也就是說出生是「卯」的人就是「陰的干支」，生年是「辰」的人就是「陽」的干支。

③請看二七頁下面的「支配星表」，從支配命與出生年干支的陰陽，就可知道你的支配星。

比方「月王命」且「陰干支」的人其支配星就是「魚王星」，也就是一九六三年卯年出生的人，他的支配命是「月王命」，支配星是「魚王星」。支配命是「水王命」且「陽干支」辰年出生的人，他的支配星是「水星」。

你的支配命與支配星是什麼呢？請記住你自己的支配星與支配命及出生的干支（十二支）。接下來，就來說明你自己的屬星。

1963年～1965年

生　年	生月	生　日	支配命	生　日	支配命	生　日	支配命	生　日	支配命
	1月	1～10	木	11～20	水	21～30	土	31	金
	2月	1～ 9	金	10～19	火	20～28	月		
1963年	3月	1	月	2～11	木	12～21	水	22～31	土
	4月	1～10	金	11～20	火	21～30	月		
	5月	1～10	木	11～20	水	21～30	土	31	金
	6月	1～ 9	金	10～19	火	20～29	月	30	木
	7月	1～ 9	木	10～19	水	20～29	土	30～31	金
	8月	1～ 8	金	9～18	火	19～28	月	29～31	木
	9月	1～ 7	木	8～17	水	18～27	土	28～30	金
卯	10月	1～ 7	金	8～17	火	18～27	月	28～31	木
	11月	1～ 6	木	7～16	水	17～26	土	27～30	金
	12月	1～ 6	金	7～16	火	17～26	月	27～31	木

這年的干支（12支）

支配星一覽表

支配命	支配星	
	陽干支出生的	陰干支出生的
水王命	水　星	冰王星
木王命	木　星	海王星
月王命	月　星	魚王星
火王命	火　星	冥王星
金王命	金　星	小王星
土王命	土　星	天王星

★算出支配命支配星的方法

（例）1963年4月25日出生的人

⑴從175頁的支配命表找出1963年那一欄。

⑵從左邊的「生月」4月往右邊找過去，找到25日，右邊就會有月，你的支配命就是月王命。

⑶支配星則要看出生那年干支是陰還是陽。在「生年」欄1963年的下面可看到卯。卯是陰的干支（12支），在左側的支配星表，看月王命的「陰干支年出生」的欄，就會看到魚王星。因此1963年4月25日出生的人其支配命就是月王命，支配星就是魚王星。

十二個支配星可得知真正的你

水王命 支配星「水星」——水王命陽干支出生的人

即使身處繁華，也會細看現實的星

★你屬這種型

不顧一切向目標邁進型。不過實際上這種人很怕寂寞，他不是無法獨處，而是周圍必須有很多人才會讓他覺得心安，喜歡領導別人。對金錢很有概念，辦活動往往可以辦得很成功。

這種人的弱點是猜疑心重且嫉妒心强，若凡事不是以自己爲中心就很不想做下去。此外，面對別人嚴格的要求時，會想要逃避。

★人際關係要注意的地方

本來是很開朗的星，但心情不好，情緒不佳時運氣容易轉壞，此時也容易與別人發生口角。運氣好時精神百倍，同時將它傳染給周圍的人。若自己處於低潮，也會影響到周圍的人。

因猜疑心重，要注意會比較容易猜忌他人，像擔心別人是不是要害你之類的。因領導力强，容易集合其他與你一樣有不滿的人，大搞群體活動。

因很有金錢概念，所以連他人的錢包也都會在意，所以要特別注意侵害到他人的隱私。

水星是很有生氣的星，在行動上也很積極，尤其與木王命、火王命、土王命的人交往必須注意不要過份投入。

★這麼做會讓你更幸運

這種星的人抓住幸運的方法就在引起別人的注意，因爲人緣很好，所以要讓人覺得你不在的話就很沒意思。可主動爭取做宴會的幹事、司儀，或是某個話劇的主角。在工作上也可更積極些，尤其在衆人面前發表你的企畫及提案效果會更好。

女的適合長髮，宴會時宜打扮亮麗。平常要多鍛鍊自己的身體，不過夏天到游泳池游泳則要避免。適合的運動有足球、騎馬，女性特別適合跳韻律舞及爵士舞蹈。

水王命

支配星「冰王星」——水王命陰干支出生的人

不計較得失對別人很好

★你屬這種型

敏感，對別人的需求或是別人不喜歡的事物相當敏感。不要做出別人討厭的事，話也不多，所以上司眼中的你，是「雖年輕，但很有分寸」。

不過，雖很努力博得別人的好感，但因犧牲的精神不夠，又爲了得到周圍大家的認可，會使出手段。

若當發覺自己的責任愈來愈重時，會有逃避的傾向。次數多了以後，別人對你產生不信賴感，所以要站在別人的立場，多注意自己的做法。

★人際關係要注意的地方

這種星的人若被人認爲很冷淡就完了。你是那種可一邊笑一邊觀察周圍人的人。若這點被別人識破了，你會讓人覺得高深莫測，進而對你敬而遠之。

害怕寂寞的你，這點對你是很大的致命傷，故要多加注意。黑白組合的單調色更易突顯你的缺點。

撒嬌不可太過火，有時也要表現沈穩大方。

★這麼做會讓你更幸運

這種星的人有喜歡讓人幸福的特質，對他而言，幸福就在於服務他人的精神。臉上經常掛著笑容，對任何人都很親切，會贏得別人對你相當高的評價。

你是那種去看比賽、賞花、郊遊時，也會把別人的飲料準備好的那種人。

你不是特別會做家事，而是很懂得要領。菜做得也許不是那麼好，可是看起來就是很好吃。也許有時給人做作的感覺，但大部份的男性還是覺得想娶你爲妻。

爲防止招致同性的反應，應結交一些可信賴的同性朋友，有事可與他們商量。男性則興趣要廣，並積極抓住在大家面前出現的機會，也許會有買賣的機會。

木王命　支配星「木星」——木王命陽干支出生的人

凡事都很週到的星

★你屬這種型

可信賴，工作勤奮是你給人的第一印象。有成熟大人的魅力，但似乎還欠缺一點什麼東西。工作認真，例行工作要更加强。

這種星的女性一旦進入家庭，可以是很細心的太太。凡事都很周到，故附近鄰居及公婆都一致稱讚是好媳婦。但因這種星的女性給人掌握一個家的感覺，家庭的氣氛較爲凝重。

男性頭腦好，工作熱心，一開始也許不受重視，最後終於嶄露頭角。

★人際關係要注意的地方

你的弱點是太過頑固，不與人妥協，不通融。平常因話不多看不出來，不過若堅持起來是非常頑固的，甚至會讓對方啞口無言。也因此別人會認爲你理由特別多，進而遠離你。要注意少穿綠色系的衣服。

對初次見面的人較放不開，與不熟的人交往也較沒有笑容。

此外，你很容易被別人的話所左右。聽信一些謠言會使你的運氣轉壞，尤其要注意不要憑道聽塗說就妄下斷語。特別不要隨便說別人的是非。

★這麼做會讓你更幸運

對做慣了的工作你比誰都要駕輕就熟，而一旦環境或是工作改變了，你也會努力去找到它的要領。「臨機應變」這句話似乎不適用於你，彷如機械只會一個口令一個動作。

你不是那種快速成功型，你是「大器晚成」型，必須非常努力才會成功。

不可對初次見面的人虛張聲勢。對後輩可多給予照顧，並加以親切問候，如此一來你的人緣也會變好。你在上司眼中是好部屬，若你身邊有可信賴的同事及部屬，就彷如「如虎添翼」一般了。

因手很巧，所以女性對縫紉很行，可幫別人，所以不僅男同事，甚至女同事也會很喜歡你。幫別人泡一杯茶效果也很好。會把你給人「很生硬」的感覺轉變成「很體貼溫柔」

的人。對別人好一點，會贏得別人對你的信賴。

木王命 支配星「海王星」——木王命陰干支出生的人

成熟穩重，成人的魅力。大器晚成

★你屬這種型

你具有成熟穩重，成人的魅力。

對傳統性的東西認識頗深，具有審美觀。在文學、歷史、美術方面的話題很廣，對古典藝術很有興趣。

★人際關係要注意的地方

女性屬幽雅型，在數理方面的能力很强，對電腦的操作也很熟悉，在公司很得上司的人緣，不過不易與人合作，是自我中心型。自尊心很强，雖然常常面帶笑容的，不過心裡在想什麼只有自己知道。

這種星的人在適應環境上要稍微花些時間。較不易改變的你，在這個變化多端的工作圈裡，可能較難爲大家所接受。比較適合沒有變化的工作，當然，你絕不可一直換工作。

在戀愛方面也不是很順利，因自己採取主動對你來說是很難的，由於太過謹慎，所以絶不會承認自己喜歡別人。在覺悟了這種想法是不對的之後，往往對方已經拂袖而去了。對腦筋太過僵硬的海王星的人來説，在愛情方面應該不要那麼堅持才好。

這種星的人若不是與你非常熟的人，多半都會覺得你難以親近。

穿綠色系的衣服或喜好賞葉植物對你是禁忌。這種星的人話題很多，不妨多提供一些話題給別人。

不過，也不可太過火，一旦開口便停下來是這種星的缺點。話一直説個不停易引起周圍人的反感，必須適可而止。

與水王命、月王命、金王命的人一起共事，要注意下決定要快，不然他們會誤以爲你的慎重是不得要領。

★這麼做會讓你更幸運

不管是談戀愛的對象或是工作的對象，都儘量與對方建立良好的關係，有時可借助酒的力量。與別人去喝酒時，儘量在一起喝就好，這樣你就有充分的時間與對方深談，由於你的聲音一向深具魅力，故不妨到卡拉ＯＫ去唱唱歌。

由於你的話題相當豐富，只要和別人一熟，便會聊得很愉快，可談些輕鬆的話題，像旅行的事或是哪些店的菜很好吃等等，這種星的人在味覺上相當敏鋭。

女性可學習茶道或是如何穿和服，再配合你原本具有的知性美，一定會更加動人；男性則認爲你將來一定是個好太太。

月王命　支配星「月星」——月王命陽干支出生的人

不高傲，親切溫柔

★你屬這種型

溫柔有包容力，可信賴。往往把別人的事看得比自己還重要，不喜與人爭，凡事以和爲貴，在工作上屬和事佬型。

由於你不喜與人爭，所以有些人會誤以爲你是膽小。你不會勉強自己做些你不想做的事，所以你與那些「凡事都要去克服以達成目標」的人，不太合得來。

★人際關係要注意的地方

你不高傲又很親切，所以只要有你在，大家都會覺得很安心。不過只與你合得的人交往，反而對你是種損失。你是那種「寬以待人、嚴以律己」的人。

這種星的人愛好自由與自然，不喜歡束縛，所以在面對某種責任時會有逃避的傾向。這種人無法得到大家真正的信賴。忌穿天藍色、銀色、金銀錦緞顏色的衣服。

要注意下決定太慢。不要不敢拒絕別人，有時也應該勇於說「不」。

★這麼做會讓你更幸運

這種星的人在服裝上不是很靈光，有時努力打扮一番，也會讓人以為穿的是一身的便宜貨，倒也不是他本來氣質就不好，因為有很多設計師是屬這種星。可看些服裝雜誌來改進自己的不足。

多與異性交往。可主動與對方打招呼，若看對方好像有什麼煩惱的事，可與他談談，並給他加油打氣，如此戀愛的機會也會跟著增多。不過，切忌太把對方當作是異性，應以開朗的心胸與對方交往。

若對方信賴你，你便無法拒絕別人，不過要小心受騙。不要只在乎你周圍的人，多貢獻一些給社會，公司會是你成功的秘訣。此外，你會有遽下結論採取行動的傾向，太著急的話，對周圍人會有不好的影響。

月王命 支配星「魚王星」——月王命陰干支出生的人

易相信別人、不虛偽

★你屬這種型

對別人很好。不過在現今這樣競爭激烈的社會裡，你很容易為人所利用，最後變得無法再相信別人，而走入自我封閉的世界。常會對別人很好，最後卻爲那人所背叛，這點是你的致命傷。

★人際關係要注意的地方

最討厭與人發生摩擦和糾紛。若你的朋友們開始發生口角，你一定不會坐視不管。若你雙方都同情，最後大家會認定你是個圓滑，八面玲瓏的人。你的魅力在於你處事的圓融，以及對別人非常好。你忌穿黃色、橘色、淡紫色的衣服。

此外，像你這種星的人，有隨自然發展的傾向。你心裡會想「我不做的話，一定也會有人幫我做」，故不易贏得別人的信任。所以你若不努力讓人家看的話，會讓別人失去對你的信任。在金錢方面也要多用點心。

★這麼做會讓你更幸運

你待人親切不虛僞，會有想照顧別人的慾望，而你也會受到他人的喜愛。若是男性可走教師或是律師這行，女性則可做小學老師、護士。你不適合與人爭奪權利或是爲錢而不斷奔走，若你被捲入這類的爭戰中，反而會失去原有魅力。這種星的人要記得把持住自己，不要被人影響而迷失自己。

好好把持住自己，心胸開闊歡樂，使別人樂於接近你。此外，收放自如好好修練自己，使你的人生更加璀璨。

火王命 支配星「火星」——火王命陽干支出生的人

細心深受上司喜愛

★你屬這種型

聰明伶俐、認真，只要有你在的地方，氣氛就會很好。除了素質好之外，本身也很努力，屬奮發圖强型。

這種星的女性非常顧家、細心、勤勞。若你好好發揮這項特長，年紀較長的人及上司會特別對你有好感。妳是那種大家都希望他們的兒子能娶妳那型的。不過，年輕時會對婚姻有一種憧憬，在結婚之前會談很多次戀愛。

男性則以自己爲重，專心於研究或是收集東西。

★人際關係應該要注意的地方

這種星的人警戒心强，做事神秘，很顧家。不過你因對自己很嚴格，所以對别人的要求也會很嚴格。

你凡事求真的星，所以對火星人説的話，也没有人敢反駁，至於是否真的信服就不得而知了。穿紅色系的衣服會使你看起來更嚴格。當大家在輕鬆的時候，你説話常頗激烈，且把已經過去的問題再拿出來説，雖然你這麼做没有錯，不過卻會引起大家的反感。

當大家在玩樂的時候，不妨和大家一起放鬆一下吧！不然你會變得很孤單。若你高傲態度好像老闆或是女王，會爲大家所討厭，應謙虛待人，以博得大家對你的好感。

★這麼做會讓你更幸運

以後將是凡事講求樂趣，而非講求嚴格的時代。不要擺一張嚴格嚴肅的臉給大家看。這個星的特徵是幾年没有笑容，可嘗試多微笑，微笑能讓人樂於接近你，異性也會比較喜歡你。不喜出鋒頭的你也不適合太過招遙，在找工作時，或是換工作時，在没有完全熟悉那個環境以前，不可太樹大招風。

另外，你比較有長輩緣，在比你年齡小的人中就没有那麼吃香。不管你和他們差幾歲，都不要把自己當作先輩，可對等與他們相處，這樣幸運也會跟著來。

火王命　支配星「冥王星」——火王命陰干支出生的人

能忍、可信賴

★你屬這種型

你不會去看一些華而不實的表演，責任感很重，值得別人信賴。會經常督促自己努力、上進。

做任何事都很用心，可一個人做出很完美的計畫，若你沒有十足的把握也不會說出來。

有些人對結婚及談戀愛不是那麼有興趣。因不易敞開自己的心胸，即使到了一個新環境，也不易適應新的人際關係。不過，一旦下定了決心，不管有多大的困難與阻礙，也會努力克服它。

★人際關係要注意的地方

自尊心强，最不喜歡向人低頭或是說些恭維的話。凡事都要自己決定，即使有時候會聽聽別人的意見，但最後的決定還是以自己的意見爲意見，這樣會使你離人群愈來愈遠。忌穿米色、粉紅色的衣服。

這種星的人，好像較無法瞭解別人的心情，所以會無意識地傷害到他人。在你看來是理所當然的事，對方或許不這麼想。所以在戀愛時要特別注意多關心別人的想法，別一意孤行。

★這麼做會讓你更好運

由於你不擅於說話，喜怒哀樂的表達也不是那麼明顯，所以會讓周遭的人誤以爲你是冷血動物。可參考小說、電影、連續劇，以訓練自己的表達能力。這類型的男性不太了解女人心，常常被人誤解是不夠體貼。即使不好意思向對方表白，也可偶而送送花給她。

這種星的女性忍耐力很強，縱使別人給妳臉色看，妳也絕不會輕言放棄。但對男性而言，這種女人一點也不可愛，所以當你們熟一點以後，不妨讓他看看妳軟弱無助的一面，相信你們的感情會增長得很快。

金王命　支配星「金星」——金王命陽干支出生的人

開朗自由的心。朋友很多很受歡迎。

★你屬這種型

天生自由派，不喜束縛。有一個別名叫「孩子星」；因你天真無邪且好奇心强，有很多地方很像小孩子，有你在的地方氣氛都會很好。

不斷往前進，常有許多點子。大家都很喜歡你，朋友也很多，當然也很受異性歡迎。但容易厭倦舊東西，所以每完成了一件事，便對它没興趣。戀愛時會很投入，但只要提到結婚便會退縮了。

★人際關係應該注意的地方

你不喜歡被任何人所束縛，所以別人會以爲你很花心。女性則因個性太過爽朗，而讓人覺得缺乏女人味。

因爲「孩子星」的緣故，所以有時會很任性。因競爭心强，所以當你失去那種單純的可愛時，朋友會逐漸離你遠去。忌穿咖啡色及細條紋的衣服。

易改變心意，所以會讓人認爲你是没有責任感的人。表現力豐富，不過若不小心說溜嘴，很容易得罪別人。

★這麼做會讓你更幸運

這種星的人最好是經常保持好奇之心，常運用自己的眼睛、耳朵、多掌握一些情報。

這種星的人喜歡甜食，所以要注意不要過胖。你即使減肥也不會成功，所以要多運動以去除身體多餘的脂肪。

金王命

支配星「小王星」——金王命陰干支出生的人

行動派、自然主義派、很受大家歡迎

★你屬這種型

不會被既有的價值觀所左右，只選自己認爲好的，喜歡自然的感覺。有自己的敏感度，追逐流行，喜歡快樂。行動派，很多人都很喜歡你。

★人際關係要注意的地方

這種星的人要注意別留給別人「善變」的感覺。由於你對已完成的事物會有失去興趣的傾向，所以每逢即將完成的階段，便會失去熱度，以致失去信用。

不適合穿金色、咖啡色、紫色系的衣服。

戀愛方面不是很多彩多姿，不喜歡被束縛。你會選擇和你興趣相同的人，但若覺得有被束縛的感覺，便想逃離。

★這麼做會讓你更幸運

前進行動派，但由於不夠執著，中途易改變方向，最後不容易成功。要注意過於急躁，以致失去重要的東西。即使是很單調的工作，也要堅持到最後，如此一來，信用也有了，成功的機率也會比較高。

你即使和別人很好，也不喜歡別人太過了解你，雖然很多好朋友，知心之類的，但遇事真的可以商量的卻沒有一個，若你能擁有幾個可信賴的朋友，你的人生也更完整。想談戀愛的人，不妨加入社團之類的活動。這種星的人，若與對方有那種好朋友的感覺，便是邁向戀愛的第一步。

此外，因你凡事喜以和爲貴，又不喜歡被束縛，故在組織或公司中會因長期壓抑自己而產生極大的壓力。

若你能多按照自己的意思去做，反而會比較好發揮。所以，有很多人會不斷換工作，但一旦進入强殺期，自己的想法又改變時，又會把工作辭掉，因此，在金錢方面可能會發生困難。在强殺期這段期間，若能忍耐一下，必可開運。

土王命 支配星「土星」——土王命陽干支出生的人

氣質高雅、潔淨

★你屬這種型

氣質高雅的你，常會爲了人際關係而煩惱，因你給人高不可攀的感覺，所以要融入團體中也比較難。

★人際關係要注意的地方

你雖然自尊心强，看起來有點高不可攀，但絕不是瞧不起人，其實你是很有責任感的人。不被人喜歡，可能是人際關係的技巧還不夠。

下決定很快，所以別人會以爲你是個冷漠無情的人。由於你自己程度頗高，也許在不知不覺間，對周圍那些「普通、平凡」的人，要求也跟著提高也說不定。奉勸你應該多多包容別人。

由於你話不多，所以也較易被誤解，若你再軟性些，並增加自己說話的說服力，了解你的人也會愈來愈多。

★這麼做會讓你更幸運

爲了融入團體裡面，而努力讓自己看來平凡些，其實這樣做對你反而無益。保持你的佳人風範反而會爲你帶來好運。

你是那種靠相親會找到好伴侶的人，所以良好的氣質與談吐，絶對可以使你美夢成真。

不過，也須注意不要忘記自己臉上的笑容，你開運的關鍵就在「雖然你很高雅，但一點也不要擺架子，是個很有魅力的人」。

男性也一樣，不要讓對方覺得不自在，應親切待人，如此，你的人際關係面也會拓寬。

土王命 支配星「天王星」——土王命陽干支出生的人

直覺敏銳、穩重大方

★你屬這種型

向上心强、優秀、直覺敏銳。

你是做什麼事都會先做計劃的人，對時間很敏感，對突發的事件會不知所措。不喜歡臨時有所變更，若是没有按照自己預定的發生便覺得討厭、恐懼。

在工作上對自我要求很嚴格，但因欠缺柔軟性，所以臨機應變力還不夠。不過，一旦下定決心，不管遭遇任何事都會咬牙撐到底。專心於一件事，會爲你帶來成功。

★人際關係應該注意的地方

這種星的人認真、穩重大方，若你表現出不成熟，不穩重的態度會給人不好的印象。有時也可稍放鬆一下，但最好僅限於知心好友前面。

要注意服裝不可太過邋遢，若你邋遢的形象一旦定形，你的才能會被人所忽視，適合你的顏色是綠色。

黑色、灰色、藍色、紫色較不適合你。

★這麼做會讓你更幸運

你不擅攻擊擅防守，是屬被動型。雖有才能，但必須在最後關頭才會發揮出來，你應把握機會好好鍛鍊自己。這種星的人很會說話，爲了發掘自己隱藏的才能，應多訓練自己講話的技巧。

女性可穿高雅明亮的衣服，同時配合化妝。你應該讓人覺得你雖然穩重大方，工作能力很强，但即使進入家庭仍然可以成爲賢妻良母。男性則可從事研究的工作，或是從事可實現自己夢想的工作，你的一輩子一定會幸福快樂。

以上各星的基本性格了解了以後，接下來針對女性在談戀愛時，與各星配合的狀況。

了解談戀愛的對象及結婚的時期

影響戀愛的支配星

六星命運占卜學看八字的方法有二種：一種是支配星，比方水星的人與木星的人的八字，是由雙方支配星的性格來判斷，另一種則是由支配星與十二支的關係來判斷「命運八字」（參考一一二頁）。比方現在有一對在交往的男女，寅年出生水星的男性與辰年出生木星的女性交往時，首先看水星在辰年會有何作用，木星在寅年會有何影響，再來判斷雙方是否適合在一起。這種算法可算出這個人是否適合你。

若你只是單戀對方，還不了解對方的想法，也可由支配星的性格研究出如何吸引對方的方法。此外，八字雖然和，可是卻一直不順利，以及八字雖和，可是卻依舊想與他分手，本書也會教你抓住對方的方法。

在此，讓您忘記了命運的嚴格面，讓您知道如何接近自己喜歡的異性。您可參照八八頁開始的命運周期表，由此可得知結婚適當的年齡，以及如何抓住對方的心。

水星的他與水星的你

同樣的星所以價值觀也相同。不過，因命運周期表也相同，所以惡運也在同一個時間，故易因吵架而分手。

這種組合，其中有一方會變化成火王命的性格，故固執的一面也較易爆發。

對二人而言，危險的時期是在一九九五～一九九七年（亥、子、丑）。結婚的時期是在一九九三～一九九四年或一九九九～二〇〇〇年。

水星的他與冰王星的你

同屬水王命，故互有好感，而兩個人在團體中都很受歡迎。大家都認為你們是最佳拍檔，但一旦到了論及婚嫁，卻變得困難起來。

對二人而言，危險期是一九九五～一九九八年（亥、子、丑、寅）。適合結婚他在「充實」，你在「果報」一九九四年，他在「生長」「決定」，你在「開拓」「生成」的一九九九～二〇〇〇年。

水星的他與木星的你

他很熱情且行動積極，你的個性較謹慎，所以你們不太合得來，他太積極的話，你會覺得招架不住。

對二人而言危險的時期是在一九九五～一九九九年（亥、子、丑、寅、卯、辰）。適合結婚，他是「果報」，你是「人氣」的二〇〇〇年，他是「人氣」，你是「生長」的二〇〇二年。

水星的他與月星的你

二個人的興趣及想法相符，交往時最好二個人常在一起，距離太遠，你們可能會沒有結果。

二人的危險期在一九九五～一九九七年（亥、子、丑）年與一九九九～二〇〇一年（卯、辰、巳）。結婚他可在「充實」，你可在「人氣」的一九九四年。或他在「開拓」，你在「充實」的一九九八年。

水星的他與魚王星的你

你對他而言，是可在他累了的時候安慰他的女性。你們必須經常在一起，不然他會將目標轉移，等到他被甩了，才又回到你身邊。

二人的危險期在一九九五～一九九七年（亥、子、丑）與一九九五～一九九七年（辰、巳、午）。結婚他可在「果報」，你在「決定」的一九九三年，或他是「開拓」，你是「果報」，「充實」的一九九八～一九九九年。

水星的他與火星的你

你們的性格及做事方法正好相反。

了解彼此的個性，進而產生互補的作用之後，你們會是很棒的一對。你可用行動抓住他的心，但切忌過於束縛他。

二人的危險期是一九九五～一九九七年（亥、子、丑）與二〇〇一～二〇〇三年（巳、午、未）。適合結婚他在「果報」「充實」，你在「生長」「決定」的一九九三～一九九四年，或他在「生長」「決定」，你在「果報」「充實」的一九九九～二〇〇〇年。

水星的他與冥王星的你

你們是完全不相同的型，讓他來追你是成功的關鍵，你追他反而會讓他對你失去興趣。你們會經常吵架，若你不想失去他，你可採取讓步。

二人的危險期是一九九五～一九九七年（亥、子、丑）與一九九二，二〇〇二～二〇〇三年（申、午、未）年。適合結婚他是「果報」「充實」，你是「開拓」「生長」的一九九三年～一九九四年，或他是「決定」，你是「果報」的二〇〇〇年。

水星的他與金星的你

你們二個人都很喜歡玩，興趣也很廣，只是在一起你們就會覺得很愉快，永遠不會覺得無聊。不過，手頭常會很緊。

二人的危險期是一九九五～一九九七年（亥、子、丑）與一九九三～一九九四年（申、酉）。適合結婚他是「開拓」，你是「人氣」的一九九八年，或他是「人氣」，你是「充實」的二〇〇二年。

水星的他與小王星的你

把他當作玩樂的對象還可以，若認真要考慮到未來他不是很適合。你們彼此結交很多的異性朋友，還會保有一些新鮮、刺激的感覺。

二人的危險期一九九二～一九九七年（申～丑）。適合結婚他的「生長」，你是「人氣」的一九九九年，或他是「人氣」，你是果報的二〇〇二年。

水星的他與土星的你

你們二人彼此合得來，不過你是理想主義者，而他則是現實主義者。你們若尊重彼此的想法，或許會產生互補的好處。

二人的危險是一九九三～一九九七年（酉、戌、亥、子、丑）。適合結婚他是「開拓」，你是「決定」的一九九八年，或他是「決定」，你是「人氣」的二〇〇〇年。

水星的他與天王星的你

浪漫主義的你，時髦及新穎是他吸引你最大的原因。他則是你高雅的氣質及不凡的才華所吸引，不過基本上你們的性格並不相同。若你們擁有共同的目的，必可成為很好的拍檔。

二人的危險期在一九九四～一九九七年（戌、亥、子、丑）。適合結婚他是「果報」，你是「充實」的一九九三年，或他是「開拓」「生長」，你是「生長」「決定」的一九九八～一九九九年。

水星的他是這種人

自我中心主義，他是重視「凡事對自己是否有好處」的現實派。很容易抓住要領，看來好像漫不經心，其實凡事已打點妥當，往往使周圍的人大吃一驚。

♥喜歡的女性類型/他判斷的標準是「她是否可在別人面前誇耀的那一型」。即使她不是很美，若她符合上述的標準，他也會積極地去追她。他不喜歡不乾脆的女人。

♥釣上他的方法/你可先向他表示好感，然後再開始讓他追你。約會可選擇遊樂園等人較多的地方。儘量稱讚他，讓他保持好的心情。

冰王星的他與水星的你

同是水王命所以很合得來，不過因他不輕易顯露自己的感覺，也許你會總覺得缺少了點什麼似的。

這類情侶必須互相信賴，絕對要避免做出違背對方的事。

二人的危險期是一九九五～一九九八年（亥、子、丑、寅），適合結婚他是「果報」，你是「充實」的一九九四年，或他是「開拓」，你是「生長」「決定」的一九九九～二〇〇〇年。

冰王星的他與冰王星的你

你們可成為很好的拍檔。不負責任是你們共通的弱點。凡事可多叫他做決定。

二人的危險期是一九九六～一九九八年（子、丑、寅）。適合結婚你們二個都是「果報」「充實」的一九九四～一九九五年，或「開拓」「生長」「決定」的一九九九～二〇〇一年。

冰王星的他與木星的你

你們的組合點是「女性至上」，剛開始時的你會認為他很溫柔，但時間久了可能就不是那一回事。不要太呵護他，儘可能多鼓勵他多稱讚他，讓他發揮出自己的眞正實力。

二人的危險期是一九九六～一九九九年（子、丑、寅、卯）。適合結婚他是「生長」「決定」，你是「開拓」「生長」的二〇〇〇～二〇〇一年。

冰王星的他與海王星的你

他喜歡地位及經濟能力都比他好的女性，你剛好具有穩重大方的特點，二人一拍即合。他雖欠缺忍耐力，但受了你的影響，會逐漸被周圍的人認可。

二人的危險期是一九九六～二〇〇〇年（子、丑、寅、卯、辰）。適合結婚他是「決定」，你是「開拓」的二〇〇一年，或他是「人氣」，你是決定的二〇〇三年。

冰王星的他與月星的你

你們的愛情屬激烈型，一開始很順利，但他會中途移情別戀。

二人的危險期是一九九六～二〇〇一（子、丑、寅、卯、辰、巳）。適合結婚他是「果報」，你是「人氣」的一九九四年，或他是「人氣」，你是「生長」的二〇〇三年。

冰王星的他與魚王星的你

「你的幸福就是我的幸福」是你們最佳的寫照，你們會在彼此有難時互相扶持。二個人喜歡在一起，不宜距離分隔太遠。

二人的危險期是一九九七～一九九八年（子、丑、寅）與一九九九～二〇〇一年（卯、辰、巳）。適合結婚他是「充實」，你是「人氣」的一九九五年，與他是「人氣」，你是「開拓」的二〇〇三年。

冰王星的他與火星的你

你們的人生觀完全不一樣，你若發揮犧牲的精神去配合他，必會是很配的一對情侶。結婚後最好還是你管錢。

二人的危險期是一九九六～一九九八年（子、丑、寅）與二〇〇一～二〇〇三年（巳、午、未）。適合結婚他是「果報」，你是「決定」的一九九四年，或他是「開拓」，你是「果報」「充實」的一九九九年～二〇〇〇年。

冰王星的他與冥王星的你

你們很容易發生衝突，結了婚後一旦進入「強殺期」，很容易演變成離婚。須注意有共同的目標與對等的關係。

二人的危險期是一九九六～一九九八年（子、丑、寅）與一九九四年、二〇〇二～二〇〇三（午、未）。適合結婚他是「果報」「充實」，你是「生長」「決定」的一九九四～一九九五年。或他是「生長」「決定」，你是「果報」「充實」的二〇〇〇年～二〇〇一年。

冰王星的他與金星的你

有行動力，喜歡愉快的事物，即使沒有錢也不會太放在心上。即使婚後也會找很多同事，朋友到家裡來作客。

二人的危險期是一九九二～一九九三年（申、酉）。適合結婚他是「果報」，你是「開拓」「生長」的一九九四～一九九五年，或他是「決定」，你是「果報」的二〇〇一年。

冰王星的他與小王星的你

很適合的一對。你們兩人的組合會受到很多人的祝福，婚後的生活會很幸福美滿。

二人的危險期是一九九二～一九九四年（申、酉、戌）與一九九六～一九九八年（子、丑、寅）。適合結婚他是「充實」，你是「開拓」的一九九五年，或他是「開拓」，你是「人氣」的一九九九年，或他是「人氣」，你是「充實」的二〇〇三年。

冰王星的他與土星的你

他是很好的情侶，你們在一起會很愉快，但卻不是結婚的好對象。

他屬現實主義派，凡事不妨多參考他的意見。

二人的危險期是一九九三～一九九八年（酉、戌、亥、子、丑、寅）。適合結婚他是「人氣」，你是「果報」的二〇〇三年。

冰王星的他與天王星的你

他會是戀愛的好對象，但當認真談到以後的事，你會發現他不適合你。

二人的危險期是一九九四～一九九八年（戌、亥、子、丑、寅）。適合結婚他是「開拓」，你是「決定」的一九九九年，或你是「決定」，他是「人氣」的二〇〇一年。

冰王星的他是這種人

自我中心的人，雖然他不喜歡努力也不愛忍耐，但卻有韌性，非常懂得如何抓住人心。

♥喜歡的女性類型

他要娶老婆的話選的一定是溫柔、可愛，讓他覺得安心。

他無法忍受介入他的私生活或是喜歡探討他過去的女人。但完全沒有自己想法的女性，他也不喜歡。

♥釣上他的方法/讓他知道你當他的老婆或女朋友有多好。可做他喜歡吃的菜，並努力練習他喜歡的運動。

木星的他與水星的你

對戀愛頗慎重的你，需要你給他一些暗示。他一旦結了婚在工作上也會跟著順利起來，經濟也會跟著富裕起來。不過他不喜歡太太出去工作，因此，你在外發揮能力的機會也較少。

二人的危險期是一九九五～一九九九年（亥、子、丑、寅、卯）。適合結婚他是「開拓」，你是「決定」的二〇〇〇年，或他是「決定」，你是「人氣」的二〇〇二年。

木星的他與冰王星的你

他喜歡居家型的女性，送給他禮物的話，最好是送自己做的東西。一旦結了婚，他會把家庭看得很重，對小孩也會非常照顧。

二人的危險期是一九九六～一九九九年（子、丑、寅、卯）。適合結婚他是「開拓」「生長」，你是「生長」「決定」的二〇〇〇～二〇〇一年。

木星的他與木星的你

女性方面較積極，你們多半是靠朋友介紹認識的。

二人的危險期是一九九七～一九九九年（丑、寅、卯）。適合結婚二人都是「人氣」的一九九二年，或「果報」「充實」的一九九五～一九九六年，或「開拓」「生長」「決定」的二〇〇〇～二〇〇二年。

木星的他與海王星的你

你們對生命的看法有許多相通之處，但一旦陷入戀愛便手忙腳亂，最後終究不了了之。還不如一開始就用相親或靠朋友介紹來得較實際。

二人的危險期是一九九七～二〇〇〇年。適合結婚他是「生長」「決定」，你是「開拓」「生長」的二〇〇一～二〇〇二年。

木星的他與月星的你

若你們在命運周期好的時候相遇，在短時間內也許就能訂婚。若不是的話，你們交往再久可能也沒結果。儘早有「買房子」的共識，會讓你們夫妻心靈更相通。

二人的危險期是一九九七～二〇〇一年（丑、寅、卯、辰、巳）。適合結婚他是「人氣」，你是「決定」的一九九二年，或他是「決定」，你是「開拓」的二〇〇二年。

木星的他與魚王星的你

你們二人都不爽快，所以彼此都有好感，最後也不會發展成功。這中間若遇到一些危機或是誘惑，容易在命運周期不好的時候分手。若你們結婚，可以建立一個很和諧的家庭。

二人的危險期是一九九七～二〇〇二年（丑、寅、卯、辰、巳、午）。適合結婚他是「人氣」，你是「生長」的一九九二年，他是「果報」，你是「人氣」的一九九五年。

木星的他與火星的你

二個人很合得來，雖然很少說話，心靈卻很相通。在氣氛不錯的地方喝酒，二人的感情會迅速增長。結婚的話，晚年會很幸福。

二人的危險期是一九九七～一九九九年（丑、寅、卯）與二〇〇一～二〇〇三年（巳、午、未）。適合結婚他是「人氣」，你是「開拓」的一九九二年，或他是「充實」，你是「人氣」的一九九六年，或他是「開拓」，你是「充實」的二〇〇〇年。

木星的他與冥王星的你

你們都不太會表達自己的意思，所以要接近也很難。他喝一點酒，你們可能會比較好溝通。一旦結了婚，他的上司會對他重用，工作上也會跟著順利起來。

二人的危險期是一九九二年（申）與一九九七～一九九九年（丑、寅、卯）與二〇〇二～二〇〇四年（午、未、申）。適合結婚他是「果報」，你是「決定」的一九九五年，或他是「開始」，你是「果報」「充實」的二〇〇〇～二〇〇一年。

木星的他與金星的你

你們是完全不同的典型，但只要一觸電，彼此對彼此的好奇心，把你們牽引在一起。一旦結婚他會有束縛的心，所以你可能會比較累。

二人的危險期是一九九二～一九九四年（申、酉）、一九九七～一九九九年（丑、寅、卯）。適合結婚他是「果報」「充實」，你是「生長」「決定」的一九九五～一九九七年，或他是「生長」「決定」你是「果報」「充實」的二〇〇一～二〇〇三年。

木星的他與小王星的你

你對他會有種新鮮感，你可以成熟女人的方式接近他。

二人的危險期是一九九二～一九九四年（申、酉、戌）與一九九七～一九九九年（丑、寅、卯）。適合結婚他是「果報」「充實」，你是「開拓」「生長」的一九九五～一九九六年，或他是「決定」，你是「果報」的二〇〇二年。

木星的他與土星的你

和他在一起，你的頭腦也會較靈活，你們的談話會很愉快。你會很高興自己找到了合適的人，你們結婚會是一對很棒的夫妻。

二人的危險期一九九三～一九九五（酉、戌、亥）與一九九七～一九九九年（丑、寅、卯）。適合結婚他是「人氣」，你是「充實」的一九九二年，或他是「充實」，你是「開拓」的一九九六年，或他是「開拓」，你是人氣的二〇〇〇年。

木星的他與天王星的你

了解彼此的想法，你應該可遇到一個理想的對象。好好抓住他的心吧！

婚後要心連心共同努力。

二人的危險期是一九九四～一九九九年（戌、亥、子、丑、寅、卯）。適合結婚他是人氣，你是「果報」的一九九二年，或他是「生長」，你是「人氣」的二〇〇一年。

木星的他是這種人

頭腦很好工作能力也很強，不過不擅交際及自我推銷。年輕時即使沒有出人頭地，中年以後也會出運。

♥喜歡的女性類型/較喜歡成熟的女性。有教養、氣質好的女人他較欣賞，會做家事可讓他安心工作的女人，他會考慮和他結婚。

私生活雜亂，說話像小孩子一樣的女人，他會敬而遠之。

♥釣上他的方法/首先外表看起來成熟，端莊。不要綁蝴蝶結，最好是穿套裝，化妝及服裝最好是茶色、灰色等色系。

海王星的他與水星的你

自我中心的他與性急的你二人頗適合，你們最好是有共同的興趣。婚後也許會有育子方面的煩惱。

二人的危險期是一九九六～二〇〇〇年（亥、子、丑、寅、卯、辰）。適合結婚他是「人氣」、你是「果報」的一九九四年或他是「生長」，你是「人氣」的二〇〇二年。

海王星的他與冰王星的你

你握有主導權。他對戀愛不是很在行，所以可由你向他表示好感。婚後不要立刻生小孩，對你們可能比較好。

二人的危險期是一九九六～二〇〇〇年（亥、子、丑、寅、卯、辰）。適合結婚他是「開拓」，你是「決定」的二〇〇一年或他是「決定」，你是「人氣」的二〇〇三年。

海王星的他與木星的你

由女性主導。約會可到雙方的家裡，或在氣氛較好的店，邊聊邊享受佳餚與美食。結婚生子，小孩會為你帶來好運。

二人的危險期是一九九八～二〇〇〇年（丑、寅、卯、辰）。適合結婚他是「果報」，你是「充實」的一九九八年，或他是「開拓」「生長」，你是「生長」「決定」的二〇〇一～二〇〇二年。

海王星的他與海王星的你

珍惜古老的東西及傳統，會為你倆帶來幸運，你們應該有共同的興趣及話題。

互相介紹對方的家人，可使你們的感情進展迅速。組了家庭後，小孩會為你們帶來幸運。

二人的危險期是一九九八～二〇〇〇年（寅、卯、辰）。適合結婚二個人都是「人氣」的一九九三年，或「果報」「充實」的一九九六～一九九七年。

海王星的他與月星的你

對不是很得要領的他，你應該多多照顧。他屬大器晚成型，而你便是了解他的人。

二人的危險期是一九九八～二〇〇一年（寅、卯、辰、巳）。適合結婚他是「充實」，你是「果報」的一九九七年，或他是「開拓」，你是

「生長」的一九〇二～一九〇三年。

海王星的他與魚王星的你

你們二人若是由相親或上司介紹認識，約會幾次可能就會訂婚，婚後經濟會好轉。如果你們秘密交往，反而會有麻煩。

二人的危險期是一九九八～二〇〇二年（寅、卯、辰、巳、午）。適合結婚他是「人氣」，你是「決定」的一九九三年，或他是「決定」，你是「開拓」的二〇〇三年。

海王星的他與火星的你

缺乏社交性，但可成為一對很好的情侶。有喝酒機會的話會使你們更接近。

結了婚他會是居家型的男人，會把家庭擺在第一位。

二人的危險期是一九九八～二〇〇三年（寅、卯、辰、巳、午、未）。適合結婚他是「人氣」，你是「生長」的一九九三年，或他是「果報」，你是「人氣」的一九九六年。

海王星的他與冥王星的你

二人都是自我中心型，也較重視工作。想法接近所以應該合得來。戀愛方面都不是高手，所以交往也一直無法進行。婚後可與父母小孩同住。

二人的危險期是一九九〇～一九九二年（午、未、申）與一九九八～二〇〇〇年（寅、卯、辰）。適合結婚他是「人氣」，你是「開拓」的一九九三年，或他是「充實」，你是「人氣」的一九九七年，或他是「開拓」，你是「充實」的二〇〇一年。

海王星的他與金星的你

擅於社交的你是吸引他的主因，你可採取主動。你們最好都在工作，若你按照他的意思當一個家庭主婦，對你們不太好。

二人的危險期是一九九二～一九九三年（申、酉）與一九九八～二〇〇〇年（寅、卯、辰）。適合結婚他是「果報」，你是「決定」的一九九六年，或他是「開拓」「生長」，你是「果報」「充實」的二〇〇一～二〇〇二年。

海王星的他與小王星的你

因工作認識而感受到彼此所欠缺的東西，你最好配合自我中心的他。若他覺得被束縛，你們也差不多該分手了。

二人的危險期是一九九二～一九九四年（申、酉、戌）與一九九八～二〇〇〇年（寅、卯、辰）。適合結婚他是「果報」「充實」，你是「生長」「決定」的一九九六～一九九七年，或他是「生長」「決定」，你是「果報」「充實」的二〇〇二～二〇〇三年。

海王星的他與土星的你

關心藝術與歷史，二人的對話充滿知性。婚後幸福美滿，二人感情日久彌堅。

二人的危險期是一九九三～一九九五年（酉、戌、亥）與一九九八～二〇〇〇年（寅、卯、辰）。適合結婚他是「果報」「充實」，你是「開拓」「生長」的一九九六～一九九七年，或他是「決定」你是「果報」的二〇〇三年。

海王星的他與天王星的你

相親會使你們進展順利。結婚後經濟好轉、運氣也跟著打開。

二人的危險期是一九九四～一九九六年（戌、亥、子）。適合結婚他是「人氣」，你是「充實」的一九九三年，或他是「充實」，你是「開拓」的一九九七年，或他是「開拓」，你是「人氣」的二〇〇一年。

海王星的他是這種人

時髦且具有古典感。工作能力強，一旦努力做一件事，一定可以從頭做到尾。

♥喜歡的女性類型/喜歡端莊型的。因他喜歡歷史等古老的東西，所以他對知識豐富的女性較有好感，也喜歡上司有禮貌的女性。

他不喜歡愛追求的女性，他也不喜歡自我中心的女性。

♥釣上他的方法/聽他講他有興趣的事及他的工作。熱心傾聽他說話，讓他覺得你很重要。

月星的他與水星的你

有共同的目的及興趣會拉近你們的距離。他不喜太極端的事物，所以佔有慾強的你應稍節制。

二人的危險期是一九九五～一九九七年（亥、子、丑）與一九九九～二〇〇一年（卯、辰、巳）。適合結婚他是「人氣」，你是「充實」的一九九四年，或他是「充實」，你是「開拓」的一九九八年，或他是「開拓」，你是人氣的二〇〇二年。

月星的他與冰王星的你

受歡迎的人，你們周圍常擠滿了人，氣氛非常活潑。

一旦結了婚會想從各自的家庭獨立出來，和雙親住在一起可能會有問題產生。

二人的危險期是一九九六～二〇〇一年（子、丑、寅、卯、辰、巳）。適合結婚他是「人氣」，你是「果報」的一九九二年，或他是「生長」，你是「人氣」的二〇〇三年。

月星的他與木星的你

若你了解他的想法並支持他，你們會是很適合的一對，若你想把他塑造成你想要的型，你們終究會分手。

二人的危險期是一九九七～二〇〇一年（丑、寅、卯、辰、巳）。適合結婚他是「決定」，你是「人氣」的一九九二年，或他是「開拓」，你是「決定」的二〇〇二年。

月星的他與海王星的你

你們的想法有頗大的差距，若你能配合他當然最好。不過等你了解了他散漫之處，你便會想離開他。

二人的危險期是一九九八～二〇〇一年（寅、卯、辰、巳）。適合結婚他是「果報」，你是「充實」的一九九八年，或他是「開拓」「生長」，你是「生長」「決定」的二〇〇二～二〇〇三年。

月星的他與月星的你

了解彼此，屬早婚型。你們倆個都很優柔寡斷，所以遲遲無法做出決定。

命運周期一樣，所以「強殺」的期間也一樣。你們也許會在此時分手也說不定。

二人的危險期是一九九九～二〇〇一年（卯、辰、巳）。適合結婚二人都是「決定」的一九九二年，「人氣」的一九九四年，「果報」「充實」的一九九八～一九九九年，或「開拓」「生長」的二○○二～二○○三年。

月星的他和魚王星的你

一旦陷入戀愛便會有結果，男的比較積極，雖然你們同是月王命。

二人必須互相幫助。

二人的危險期是一九九九～二○○二年（卯、辰、巳、午）。適合結婚他是「決定」，你是「生長」的一九九二年，或他是「充實」，你是「果報」的一九九八年，或他是「生長」，你是開拓的二○○三年。

月星的他與火星的你

他個性雖好，但卻顯得散漫。你必須多照顧他。不過你們若結婚的話，會有圓滿的家庭。

二人的危險期是一九九九～二○○三年（卯、辰、巳、午、未）。適合結婚他是「決定」，你是「開拓」的一九九二年，或他是「人氣」，你是「決定」的一九九二年。

月星的他與冥王星的你

月星的他教你不同的生存方式，你一旦陷入他的溫柔，便很難再回到原點。他會是很好的結婚對象。

二人的危險期是一九九二年（申）與一九九九～二○○五年（卯、辰、巳、午、未）。適合結婚他是「人氣」，你是「生長」的一九九二年，或他是「果報」，你是「人氣」的一九九七年。

月星的他與金星的你

一遇到你們就墜入情網。對將來也許沒有計畫，卻能夠盡情享受現在。兩個人都喜歡玩樂，很容易向別人借錢。

二人的危險期是一九九二～一九九三年（申、酉）。適合結婚他是「人氣」，你是「開拓」的一九九四年，或他是「充實」，你是「人氣」的一九九八年，或他是「開拓」，你是「充實」的二○○二年。

月星的他與小王星的你

與其想以後要做的事，不

如優先做現在想要做的事。不是互相束縛而是彼此尊重。你們也許會先同居。

二人的危險期是一九九二～一九九四年（申、酉、戌）。適合結婚他是「果報」，你是「決定」的一九九八年，或他是「開拓」「生長」，你是「果報」「充實」的二〇〇二～二〇〇三年。

月星的他與土星的你

與他交往會使你的個性轉圓，人際關係也跟著轉好，兩個人都很散漫，進取心不強。

二人的危險期是一九九二～一九九五年（酉、戌、亥）與一九九九～二〇〇一年（卯、辰、巳）。適合結婚他是「決定」，你是「充實」的一九九二年，或他是「生長」，你是「果報」的二〇〇三年。

月星的他與天王星的你

愛上他會使你變得溫柔，也會讓人對你產生信賴。二個人很容易在照顧別人的時候疏忽了自己。

二人的危險期是一九九四～一九九六年（戌、亥、子）與一九九九～二〇〇一年。適合結婚他是「決定」，你是「果報」的一九九二年，或他是「果報」「充實」，你是「開拓」「生長」的一九九七～一九九八年。

月星的他是這種人

和平主義者，不喜歡勉強別人。具服務的精神，重感情，有包容力，為了別人可自己辛苦一點也無所謂。

♥喜歡的女性類型/他喜歡自我要求嚴的女性，特別對被複雜的問題困擾的女性有興趣。

他不喜歡用命令口吻和他說話的女性，也不喜歡會抽煙的女性。

♥釣上他的方法/有什麼煩惱的事可以找他商量，然後再藉口與他約會，他只要被女人所託，就不會拒絕。

魚王星的他與水星的你

你們喜歡為人帶來歡笑，也喜歡一起照顧別人。

不過一旦結了婚很容易為小孩子的事操煩。

二人的危險期是一九九五～一九九七年（亥、子、丑）。適合結婚他是「決定」，你是「果報」的一九九三年，或他是「果報」「充實」，你是「開拓」「生長」的一九九八～一九九九年。

魚王星的他與冰王星的你

他雖人很好，可是有時卻靠不住，你比較堅強，所以應該可以渡過危機。離開父母只你們二人同住，運氣會因此而打開。

二人的危險期是一九九七～一九九八年（子、丑、寅）與二〇〇〇～二〇〇二年（辰、巳、午）。適合結婚他是「人氣」，你是「充實」的一九九六年，或他是「充實」，你是「開拓」的一九九九年，或他是「開拓」，你是「人氣」的二〇〇三年。

魚王星的他與木星的你

一旦成為情侶，你們的人際關係也會好轉。不過你們心靈要相通會很難，你不要太在意他的缺點。

二人的危險期一九九七～二〇〇二年（丑、寅、卯、辰、巳、午）。適合結婚他是「生長」，你是「人氣」的一九九二年，或他是「人氣」，你是「果報」的一九九五年。

魚王星的他與海王星的你

你對他的溫柔體貼會招架不住，單方面的愛意會讓他不忍傷害你。你們也許會論及婚嫁，但因彼此了解不夠，日後也許會後悔。

二人的危險期是一九九八～二〇〇二年（寅、卯、辰、巳、午）。適合結婚他是「決定」，你是「人氣」的一九九三年，或他是「開拓」，你是「決定」的二〇〇三年。

魚王星他與月星的你

你們同是月王命應該合得來。他是那種被人拜託就不忍拒絕的人，所以若由你提出要交往，他應該不會拒絕才對。

二人的危險期是一九九九～二〇〇二年（卯、辰、巳、午）。適合結婚他是「生長」，你是「決定」的一九九二年，或他是「果報」，你是「充實」的一九九八年，或他是「開拓」，你是「生長」的二〇〇三年。

魚王星的他與魚王星的你

你們是很適合的一對，不過較缺乏計畫及果斷力。

二人的危險期是二〇〇〇～二〇〇二年（辰、巳、午）。適合結婚是「生長」「決定」的一九九二～一九九三年，「人氣」的一九九五年，「果報」「充實」的一九九八～一九九九年。

魚王星的他與火星的你

你很不喜歡他的優柔寡斷，不過和他在一起會覺得放心。時間久了可能會較大意，注意要做好溝通。

二人的危險期是二〇〇〇～二〇〇三年（辰、巳、午、未）。適合結婚他是「生長」「決定」，你是「開拓」「生長」的一九九二～一九九三年。

魚王星的他與冥王星的你

你因他的溫柔而意識到他的存在，你們是別人羨慕的一對，不過你的理想太高會妨害你們，以一顆真誠的心待他，你們會很幸福。

二人的危險期是一九九二年（申）與二〇〇〇～二〇〇四年（辰、巳、午、未、申）。適合結婚他是「決定」，你是開拓的一九九三年，或他是「人氣」，你是「決定」的一九九五年。

魚王星的他與金星的你

他是你想去旅行時會陪你去的人，不過在緊急時他靠不住。

一旦結婚，你也沒有賺錢的門路，在經濟上會比較辛苦。

二人的危險期是一九九二～一九九三年（申、酉）與二〇〇〇～二〇〇三年。適合結婚他是「人氣」，你是「生長」的一九九五年，或他是「果報」，你是「人氣」的一九九八年。

魚王星的他與小王星的你

你們很重視彼此的自由，會是很好的玩伴。工作上若成為好夥伴，會得到許多人的幫助。

二人的危險是一九九二～一九九四年（申、酉、戌）與二〇〇〇～二〇〇二年（辰、巳、午）。適合結婚他是「人氣」，你是「開拓」的一九九五年或他是「充實」，你是「

人氣」的一九九九年，或他是「開拓」，你是「充實」的二○○三年。

魚王星的他與土星的你

可向他撒嬌，你性格中剛硬的那面也會被抹掉。然而，自識甚高使你對現狀不滿，以致你總覺得他缺少了點什麼。

二人的危險期一九九三～一九九五年（酉、戌、亥）與二○○○年～二○○三年（辰、巳、午）。適合結婚他是「果報」，你是「決定」的一九九八年，或他是「開拓」，你是「果報」的二○○三年。

魚王星的他與天王星的你

你對他的溫柔招架不住，甚至會失去自己的風格，這對你是一種損失。

你們即使貧窮仍感幸福，心中充滿平和。

二人的危險期是一九九四～一九九六年（戌、亥、子）與二○○○年～二○○四年（辰、巳、午）。適合結婚他是「生長」「決定」，你是「果報」「充實」的一九九二～一九九三年，或他是「果報」「充實」，你是「生長」「決定」的一九九八～一九九九年。

魚王星的他是這種人

他不愛地位與名譽，他珍惜的是與別人的和與情。別人有求於他，他是不會說不的。

♥喜歡的女性類型/溫柔、可愛的。家庭環境複雜貧窮的人比千金大小姐更能吸引他。他會同情有困難的女性。

傲慢的態度會使他卻步，即使你再有學識及教養，他也對你沒興趣。

♥釣上他的方法/你要他在你身邊他絕不會拒絕，不過他對別的女人也一樣好。在不讓他覺得被束縛的範圍內，儘量跟在他身邊。

火星的他與水星的你

你有難的時候他會出現幫助你，你對他因此無法忘懷，你們就好像是水與油，是最佳拍檔。

二人的危險期是一九九五～一九九七年（亥、子、丑）與二〇〇一～二〇〇三年（巳、午、未）。適合結婚他是「生長」「決定」，你是「果報」「充實」的一九九三～一九九四年，或他是「果報」「充實」，你是「生長」「決定」的一九九九～二〇〇〇年。

火星的他與冰王星的你

細心是他最吸引你的地方，他是完美主義者，凡事都想一個人做，所以凡事你不妨交給他去做。

二人的危險期是一九九六～一九九八年（子、丑、寅）與二〇〇一～二〇〇三年（巳、午、未）。適合結婚他是「決定」，你是「果報」的一九九二年，或他是「果報」，你是「開拓」的一九九九年。

火星的他與木星的你

你們不是玩玩而已，在工作及唸書中你們的感情也會加深。結婚的話，你的權利會比較大。

二人的危險期是一九九七～一九九九年（丑、寅、卯）與二〇〇一～二〇〇三年（巳、午、未）。適合結婚他是「開拓」，你是「人氣」的一九九二年，或他是「人氣」，你是「充實」的一九九六年，或他是「充實」，你是「開拓」的二〇〇〇年。

火星的他與海王星的你

你們從不會一口氣陷入戀愛中；感受彼此的愛，你們會成為一生的伴侶。有了家庭後，他會為了小孩在工作上打拼。

二人的危險期是一九九八～二〇〇三年（寅、卯、辰、巳、午、未）。適合結婚他是「生長」，你是「人氣」的一九九三年，或他是「人氣」，你是「果報」的一九九六年。

火星的他與月星的你

你覺得他是可托付終生的人，但婚後你會發現他是個很冷淡的人。

二人的危險期是一九九九～二〇〇三年（卯、巳、午、未）。適合結婚他是「開拓」，你是「決定」的一九九二年，他是「決定」，你是「人氣」的一九九四年。

火星的他與魚王星的你

你們好像是適合的一對，婚後才發現並不是那麼一回事，你們的交流也嫌不夠。

二人的危險期是二〇〇〇～二〇〇三年（辰、巳、午、未）。適合結婚，他是「開拓」「生長」，你是「生長」「決定」的一九九二～一九九三年，或他是「果報」，你是「充實」的一九九九年。

火星的他與火星的你

二個人很相似，你們與其沈醉在戀愛的幸福中，不如儘早共築幸福的家庭。若婚後家庭氣氛不好，其中一方會拿出行動讓你們有一個和樂的家。

二人的危險期是二〇〇一～二〇〇三年（巳、午、未）。適合結婚，二個人都是「開拓」「生長」「決定」的一九九二～一九九三年，或「人氣」的一九九六年，或「果報」「充實」的一九九九～二〇〇〇年。

火星的他與冥王星的你

同是火王命你們應該合得來，不過他細心，你大膽，互補的地方可使你們共渡難關。你們不擅玩樂，婚後要注意家庭生活過於沈悶。

二人的危險期是一九九二年（申）與二〇〇一～二〇〇四年（巳、午、未、申）。適合結婚他是「生長」「決定」，你是「開拓」「生長」的一九九三～一九九四年，或他是「充實」，你是「果報」的二〇〇〇年。

火星的他與金星的你

他不喜歡熱鬧，所以他會認為你「輕薄」「浪費」，婚後必須自己賺零用錢。

二人的危險期是一九九二～一九九三年（申、酉）與二〇〇一～二〇〇五年（巳、午、未、申、酉）。適合結婚他是「決定」，你是「開拓」的一九九二年，或他是「人氣」，你是「決定」的一九九六年。

火星的他與小王星的你

他不擅交際，所以擅於交際的你便可幫上他的忙，他會因此而選擇你當他的人生伴侶。

二人的危險期是一九九二～一九九三年（申、酉、戌）

與二〇〇一～二〇〇三年（巳、午、未）。適合結婚他是「人氣」，你是「生長」的一九九六年，或他是「果報」，你是「人氣」的一九九八年。

火星的他與土星的你

直覺能力很好的你，可把二人的心情掌握得很好。二人由於都很有目標所以可能造成阻礙，不要太過嚴刻，體貼及包容是很重要的。你們會是理想的一對。

二人的危險期是一九九三～一九九五年（酉、戌、亥）與二〇〇一～二〇〇三年（巳、未、午）。適合結婚他是「開拓」，你是「人氣」的一九九二年，或他是「人氣」，你是「開拓」的一九九六年，或他是「充實」，你是「人氣」的二〇〇〇年。

火星的他與天王星的你

若你期待羅曼蒂克的氣氛你可能會失望，因他是不折不扣的現實主義者，嚴格是他的基本性格，你必須努力配合他。

二人的危險期是一九九四～一九九六年（戌、亥、子）與二〇〇一～二〇〇三年（巳、午、未）。適合結婚他是「開拓」「生長」，你是「果報」「充實」的一九九二～一九九三年，或他是「果報」，你是「決定」一九九九年。

火星的他是這種人

頭腦好能力也強，但工作上卻易固執己見。有責任感，屬操勞型。

♥喜歡的女性類型/氣質高雅動人的女性。楚楚可憐的女人會激起他的保護慾。
他不喜歡只追求流行愛漂亮的女人，對工作不敬業，愛大聲談笑的女人更令他卻步。

♥釣上他的方法/自尊心很強的他不會採取主動，你可藉生日或情人節時找機會約他。
約會的地方可選擇高一點，視野好一點的地方。

冥王星的他與水星的你

你們兩個都屬頑固型，若你可以柔性的態度對他，你們可以合得來。

二人的危險期是一九九二年（申）與一九九五～一九九七年（亥、子、丑）與二〇〇二～二〇〇四年（午、未、申）。適合結婚他是「開拓」「生長」，你是「果報」「充實」的一九九三～一九九四年，或他是「果報」，你是「決定」的二〇〇〇年。

冥王星的他與冰王星的你

你們的生活方式完全不一樣，你應該向他學習如何專注在一件事上，他也應該向你學習如何像周圍人快樂。

二人的危險期是一九九二年與一九九六～一九九九年（子、丑、寅），二〇〇二～二〇〇四年（午、未、申）。適合結婚他是「生長」「決定」，你是「果報」「充實」的一九九四～一九九五年，或他是「果報」「充實」，你是「生長」「決定」的二〇〇一年。

冥王星的他與木星的你

你們有很多相似之處，喜歡擺佈男人的你會讓他對你產生反感，大事可儘量交給他去辦。

二人的危險期是一九九二年（申）與一九九八～一九九九年（丑、寅、卯）與二〇〇二～二〇〇四年（午、未、申）。適合結婚他是「決定」，你是「果報」的一九九五年，或他是「果報」「充實」，你是「開拓」「生長」的二〇〇〇～二〇〇一年。

冥王星的他與海王星的你

二人合得來，都把家庭看得很重，兩人會以結婚為前提來交往。不擅營造浪漫氣氛的他，你可和他談談未來的計畫。

二人的危險期是一九九二年（申）與一九九八～二〇〇〇年（寅、卯、辰）與二〇〇二～二〇〇四年（午、未、申）。適合結婚他是「開拓」，你是「人氣」的一九九三年，或他是「人氣」，你是「充實」的一九九七年，或他是「充實」，你是「開拓」的二〇〇一年。

冥王星的他與月星的你

你被他的實行力深深吸引，他不擅長和女孩子說話，所以你會以為他很冷淡。他專注於工作的時候你應配合他。

二人的危險期是一九九二年(申)與一九九九~二〇〇四年(卯、辰、巳、午、未、申)。適合結婚他是「生長」，你是「人氣」的一九九四年，或他是「人氣」，你是果報的一九九七年。

冥王星的他與魚王星的你

你們對戀愛的看法不一樣，你會希望他一直在你身邊，他則熱愛孤獨。若你愛他，就學學如何獨處吧！

對事物有共通之處時，你們的心會更接近。

二人的危險期是一九九二年(申)與二〇〇〇~二〇〇四年(辰、巳、午、未、申)。適合結婚他是「開拓」，你是「決定」的一九九三年，或他是「決定」，你是「人氣」的一九九五年。

冥王星的他與火星的你

從一開始就意識到戀愛感覺的話，你們不會成功。可找出你們共同的目標。

二人的危險期是一九九二年(申)與二〇〇一~二〇〇四年(巳、午、未、申)。適合結婚他是「開拓」「生長」，你是「生長」「決定」的一九九三~一九九四年，或他是「果報」，你是「充實」的二〇〇〇年。

冥王星的他與冥王星的你

同樣的星，想法及生活態度有相通點。二人對愛情看得很重，相親對你們會比較好。

二人的危險期是一九九二年(申)與二〇〇二~二〇〇四年(午、未、申)。適合結婚二人都是「開拓」「生長」「決定」的一九九三~一九九八年，「人氣」的一九九八年，「果報」「充實」的二〇〇〇~二〇〇一年。

冥王星的他與金星的你

你會被他擁有崇高的理想及不斷向目標前進的決心所感動，不過你會對他的寡言感到不滿。

二人的危險期是一九九二~一九九三年(申、酉)與二〇〇二~二〇〇五年(午、未、申、酉)。適合結婚他是「生長」「決定」，你是「開拓」「生長」的二〇〇四~二〇〇五年，或他是「充實」你是「果報」的二〇〇一年。

冥王星的他與小王星的你

不喜歡熱鬧的他和你在一起，你的朋友會減少，生活也變得嚴謹。你們可一起做做運動，培養好朋友般的感情。

二人的危險期是一九九二～一九九四年（申、酉、戌）與二〇〇二～二〇〇六年（午、未、申、酉、戌）。適合結婚他是「決定」，你是「開拓」的一九九五年，或他是「人氣」，你是「決定」的一九九七年。

冥王星的他與土星的你

你被他豐富的學識所吸引。他家比較有錢，你們二人的交往會很順利。

二人的危險期是一九九二～一九九五年（申、酉、戌、亥）與二〇〇二～二〇〇七年（午、未、申、酉、戌、亥）。適合結婚他是「人氣」，你是「生長」的一九九七年，或他是「果報」，你是「人氣」的二〇〇〇年。

冥王星的他與天王星的你

相親對你比較有利，對結婚也不可操之過急，若真的喜歡他可以從他的父母下功夫。

二人的危險期是一九九二年（申）與一九九四～一九九六年（戌、亥、子）與二〇〇二～二〇〇四年（午、未、申）。適合結婚他是「開拓」，你是「充實」的一九九三年，或他是「人氣」，你是「開拓」的一九九七年，或他

冥王星的他是這種人

他不易製造周圍歡樂的氣氛。對事一旦下定決心要做，便會貫徹到底。

♥喜歡的女性類型/他比較喜歡有內在美的女性。他會選擇的是愛家庭，會緊跟著他的女性。

任性，生活奢華，不會做家事，髒亂無章的女孩令他卻步。

♥釣上他的方法/常在他身邊幫他。若你們同一間公司，可在他加班的時候留下來幫忙他。可自己做東西請他吃，讓他發現你賢慧的一面。

是「充實」，你是「人氣」的二〇〇一年。

金星的他與水星的你

你們二人盡情沈醉在戀愛中，個性都很開朗，朋友也很多。他不喜歡束縛，所以和他談結婚事的時候要小心一點。

二人的危險期是一九九五～一九九七年（亥、子、丑）與一九九一～一九九三年（未、申、酉）。適合結婚他是「開拓」，你是「充實」的一九九四年，或他是「人氣」，你是「開拓」的一九九八年，或他是「充實」，你是「人氣」的二〇〇二年。

金星的他與冰王星的你

你們二人都很開朗，喜歡呼朋引伴，若沒有阻礙二人應可順利結婚。二人都是愛撒嬌型，應注意不可太過任性。

二人的危險期是一九九二～一九九三年（申、酉）與一九九六～一九九八年（子、丑、寅）。適合結婚他是「開拓」「生長」，你是「果報」「充實」的一九九四～一九九五年，或他是「果報」，你是「決定」的二〇〇一年。

金星的他與木星的你

你一開始會被他的外表所吸引，但不久就會發現他很孩子氣。若你和他結婚你可能必須像母親般地照顧他。

二人的危險期是一九九二～一九九三年（申、酉）與一九九七～一九九九年（丑、寅、卯）。適合結婚他是「生長」「決定」，你是「果報」「充實」的一九九五～一九九六年，或他是「果報」「充實」，你是「生長」「決定」的二〇〇一～二〇〇二年。

金星的他與海王星的你

要捉住他的心你必須是很出色的，有時不妨穿上和服。

不要忽然做什麼東西送他。一有被束縛的感覺，他會立刻逃之夭夭。

二人的危險期是一九九一～一九九三年（未、申、酉）與一九九八～二〇〇〇年（寅、卯、辰）。適合結婚他是「決定」，你是「果報」的一九九六年，或他是「果報」「充實」，你是「開拓」「生長」的二〇〇一～二〇〇二年。

金星的他與月星的你

你們結婚的話，可能你會比較有負擔。到人多的地方去玩可助你們開運。

二人的危險期是一九九一～一九九三年（未、申、酉）與一九九九～二〇〇一年（卯、辰、巳）。適合結婚他是「開拓」，你是人氣的一九九二年，或他是「人氣」，你是「充實」的一九九八年，或他是「充實」，你是「開拓」的二〇〇二年。

金星的他與魚王星的你

你一旦為人所託便不會拒絕，這點會影響他像孩子般的性格，讓他變成熟一點。在金錢上可能不是那麼寬鬆，會向別人借錢。

二人的危險期是一九九二～一九九三年（申、酉）與二〇〇〇～二〇〇五年（辰到酉）。適合結婚他是「生長」，你是「人氣」的一九九五年，或他是「人氣」，你是「果報」的一九九八年。

金星的他與火星的你

你會被他豐富的知識以幽默的談吐吸引，他會被你乾淨、幽雅的氣質吸引。

你太過支配他的話，他可能會漸漸失去活力。

二人的危險期是一九九二～一九九三年（申、酉）與二〇〇一～二〇〇五年。適合結婚他是「開拓」，你是「決定」的一九九二年，或他是「決定」，你是「人氣」的一九九六年。

金星的他與冥王星的你

你們的想法與行動步調都不一樣，一旦相愛你會被他完全吸引。你應該將自己打扮得亮麗些。

二人的危險期是一九九二～一九九三年（申、酉）與二〇〇二～二〇〇五年（午、未、申、酉）。適合結婚他是「開拓」「生長」，你是「生長」「決定」的一九九二～一九九五年。

金星的他與金星的你

你們二人活潑開朗，永遠不會有無聊的時候。即使你們相隔遙遠，心靈也一樣相通，反而一起生活的話他會專注於工作，也不太愛回家。

二人的危險期是一九九二～一九九三年（申、酉）與二〇〇三～二〇〇五年（未、申、酉）。適合結婚二人都是「開拓」「生長」「決定」的一九九四～一九九六年，或「人氣」的一九九八年，或「果報」「充實」的二〇〇一～二〇〇二年。

金星的他與小王星的你

你們不互相干涉彼此，覺得在一起快樂就好。但等感情深厚一點後，其中一方木王命的傾向會浮出來會有嫉妒心。

二人的危險期是一九九二～一九九四年（申、酉、戌）與二〇〇三～二〇〇六年（未、申、酉、戌）。適合結婚他是「生長」「開拓」，你是「開拓」「生長」的一九九五～一九九六年，或他是「充實」，你是「果報」的二〇〇二年。

金星的他與土星的你

受到他視野寬廣的影響，你也會對新事物產生興趣。因為有他在，即使你上當，損失慘重，也比較不會那麼在意。

不過，一段時間之後你會發現他其實很孩子氣的。若你要和他結婚就必須覺悟和他的反覆無常個性搏鬥。

二人的危險期是一九九二～一九九五年（申、酉、戌、亥）。適合結婚他是「決定」，你是「開拓」的一九九六年，或他是「人氣」，你是「決定」的一九九八年。

金星的他與天王星的你

他對女人很有一套，對戀愛抱著憧憬的人會以為他是你的王子。他會立刻轉移目標，你和他結合的機會不大。

二人的危險是一九九一～一九九六年（未、申、酉、戌

金星的他是這種人

不喜歡單調的事物，喜歡嘗試新的事物，很會讓別人快樂。不會斤斤計較金錢，不過他的缺點是太容易放棄。

♥喜歡的女性類型/喜歡和自己一樣活躍的，有才華的。不拘泥於小事，乾脆豪爽的女孩也是他喜歡的。

古板的女孩他一點也沒興趣。

♥釣上他的方法/不要一直重複。每天見面要改變一下服裝、化妝。態度自然，可配合他的女孩，會深深打動他的心。

、亥、子）。適合結婚他是「人氣」，你是「生長」的一九九八年，或他是「果報」，你是「人氣」的二〇〇一年。

小王星的他與水星的你

二人都積極地享受人生。不過他只想到眼前的事，對事的想法過於樂觀，在緊要關頭成不了大事。金錢必須由你來主導。

二人的危險期是一九九二～一九九七年（申、酉、戌、亥、子、丑）。適當結婚他是「人氣」，你是「生長」的一九九九年，或他是「果報」，你是「人氣」的二〇〇二年。

小王星的他與冰王星的你

你們二人都很會享受人生。若二人關係對等則可進展順利，若你過於依賴他，他會轉向對其他的人有興趣，那時你們也可以準備分手了。

二人的危險期是一九九二～一九九四年（申、酉、戌）與一九九六～一九九八年（子、丑、寅）。適合結婚他是「開拓」，你是「充實」的一九九五年，或他是「人氣」，你是「開拓」的一九九九年，或他是「充實」，你是「人氣」的二〇〇三年。

小王星的他與木星的你

一開始你被他柔性的一面吸引，但很快地你就會發現他好玩的一面。不過你們在一起，該可互相吸收彼此的長處。

二人的危險是一九九二～一九九四年（申、酉、戌）與一九九七～一九九九年（丑、寅、卯）。適合結婚他是「開拓」「生長」，你是「果報」「充實」的一九九五～一九九六年，或他是「果報」，你是「決定」的二〇〇二年。

小王星的他與海王星的你

他交遊廣泛，喜歡的對象也會中途改變，而你則是慎重型。雖然你們是完全不同的類型，但若配合得好，會是很適合的一對。

二人的危險期是一九九二～一九九四年（申、酉、戌）與一九九八～二〇〇〇年（寅、卯、辰）。適合結婚他是「生長」「決定」，你是「果報」「充實」的一九九六～一九九七年，或他是「果報」「充實」，你是「生長」「決定」的二〇〇二～二〇〇三年。

小王星的他與月星的你

他和你在一起時還是會看別的女人。兩人對計畫事情都不在行。若你想與他順利交往就必須掌握「時機」。

二人的危險期是一九九二～一九九四年（申、酉、戌）與一九九九～二〇〇一年（卯、辰、巳）。適合結婚他是「決定」，你是「果報」的一九九七年，或他是「果報」「充實」，你是「開拓」「生長」的二〇〇二～二〇〇三年。

小王星的他與魚王星的你

二人在一起就會很愉快，比起男女朋友，結婚的對象，你們更適合做朋友。你相當縱容他。

二人的危險期是一九九二～一九九四年（申、酉、戌）與二〇〇〇～二〇〇二年（辰、巳、午）。適合結婚他是「開拓」，你是「人氣」的一九九五年，或他是「人氣」，你是「充實」的一九九九年，或他是「充實」，你是「開拓」的二〇〇三年。

小王星的他與火星的你

他覺得你在表情方面似乎比較欠缺，不過你的神秘感及乾乾淨淨的感覺會深深吸引他。

二人的危險期一九九二～一九九四年（申、酉、戌）與二〇〇一～二〇〇三年（巳、午、未）。適合結婚他是「生長」，你是「人氣」的一九九七年，或他是「人氣」，你是「果報」的一九九九年。

小王星的他與冥王星的你

你只要認為自己是對的，便會堅持到底，他會為了配合你而妥協，不過並不是他真的願意這麼做。

二人的危險期是一九九二～一九九四年（申、酉、未）與二〇〇二～二〇〇四年（午、未、申）。適合結婚他是「開拓」，你是「決定」的一九九五年，或他是「決定」，你是「人氣」的一九九七年。

小王星的他與金星的你

你們應保持適當的距離以免讓對方有束縛感。每次約會都要讓對方有清新的感覺。

二人的危險期是一九九二～一九九四年（申、酉、戌）與二〇〇三～二〇〇六年（未、申、酉、戌）。適合結婚他是「開拓」「生長」，你是「生長」「決定」的一九九五～一九九六年，或他是「果報」，你是「充實」的二〇〇二年。

小王星的他與小王星的你

兩人都無法以結婚為前提來交往，等到覺得二人在一起很好時便會同居、結婚。不要想對方會有很多的財產。

二人的危險期是一九九二～一九九四年（申、酉、戌）。適合結婚二人都是「開拓」「生長」「決定」的一九九五～一九九七年，或「人氣」的一九九九年，或「果報」，「充實」的二〇〇二～二〇〇三年。

小王星的他與土星的你

你們二人無法真正深入對方的心裡，交往也僅止於表面。若二人一起共渡過未會增進彼此的感情。在他面前不要太過刻板。

二人的危險期是一九九二～一九九五年（申、酉、亥）。適合結婚他是「生長」「決定」，你是「開拓」「生長」的一九九六～一九九七年，或他是「充實」，你是「果報」的二〇〇三年。

小王星的他與天王星的你

你一向做事按部就班，他卻無一定的軌道。

不要自我封閉，和他有相同的興趣會使你開運。

二人的危險期是一九九二

小王星的他是這種人

他應該有很多朋友，對很多事情都很有興趣。不過欠缺責任感又不喜歡被束縛，故經常換工作。

♥喜歡的女性類型/青春活潑型。他喜歡和她就像朋友一樣，所以他比較喜歡獨立的女孩。長得漂亮的女孩他會立刻就追上去。

老是嘮嘮叨叨、被動、想要趕快結婚的女孩他最受不了。會令他有束縛感的女人，他也會立刻逃之夭夭。

♥釣上他的方法/和他一起運動，和他有相同的興趣，讓他覺得和你一起就像朋友在一起一樣。

～一九九六年（申、酉、戌、亥、子）。適合結婚他是「決定」，你是「開拓」的一九九七年，或他是「人氣」，你是「決定」的一九九九年。

土星的他與水星的你

你的外表比你的內在更吸引他，你那種冷冷的感覺，可以滿足他的自尊心。

二人的危險期一九九三～一九九七年（酉、戌、亥、子、丑）。適合結婚他是「決定」，你是「開拓」的一九九八年，或他是「人氣」，你是「決定」的二〇〇〇年。

土星的他與冰王星的你

戀愛高手的你或許覺得他還不夠上道，但若你追求的是安定，他會是很好的對象。在他面前可經常拿出你慣有的笑容。

二人的危險是一九九三～一九九八年（酉、戌、亥、子、丑、寅）。適合結婚他是「人氣」，你是「生長」的二〇〇〇年，或他是「果報」，你是「人氣」的二〇〇三年。

土星的他與木星的你

你們是適合過安定生活的夫妻。你的小姐風範應可深深吸引他，像「準時回家」「服裝端莊」。

二人的危險期是一九九三～一九九五年（酉、戌、亥）與一九九七～一九九九年。適合結婚他是「充實」，你是「人氣」的一九九二年，或他是「開拓」，你是「充實」的一九九六年，或他是「人氣」，你是「開拓」的二〇〇〇年。

土星的他與海王星的你

你們會一直很認真地交往，但必須得到父母的諒解，關係才會轉好。婚前你不可太逼他。二人的危險期是一九九二～一九九五年（酉、戌、亥）與一九九八～二〇〇〇年（寅、卯、辰）。適合結婚他是「開拓」「生長」，你是「果報」「充實」的一九九六～一九九七年，或他是「果報」，你是「決定」的二〇〇三年。

土星的他與月星的你

他不擅表達自己的感情，你要注意別傷到他的自尊，且可當他和周圍的潤滑劑。

二人的危險期是一九九二～一九九五年（酉、戌、亥）與一九九九～二〇〇一年

（卯、辰、巳）。適合結婚他是「充實」，你是「決定」的一九九二年，或他是「生長」「決定」，你是「果報」「充實」的一九九七～一九九八年，或他是「果報」，你是「生長」的二〇〇三年。

土星的他與魚王星的你

你對他很好，可是他卻好像還不滿足。要與他交往的話需注意遵守時間，不化濃妝，注意家中及自己服裝的清潔。

二人的危險期是一九九二～一九九五年（酉、戌、亥）與二〇〇〇～二〇〇二年（辰、巳、午）。適合結婚他是「充實」，你是「生長」的一九九二年，或他是「決定」，你是「果報」的一九九八年，或他是「果報」，你是「開拓」的二〇〇三年。

土星的他與火星的你

你和他一樣都不擅和人相處。二人都很注重清潔，所以你們應先談精神戀愛。

二人的危險期是一九九二～一九九五年（酉、戌、亥）與二〇〇一～二〇〇三（巳、午、未）。適合結婚他是「充實」，你是「開拓」的一九九二年，或他是「開拓」，你是「人氣」的一九九六年，或他是「人氣」，你是「充實」的二〇〇〇年。

土星的他與冥王星的你

他和你交往會激發他向上的心，所以在此時他也會專心投入工作。你不是會配合別人的人，所以和他在一起會讓你焦躁不安。

二人的危險期是一九九二～一九九五年（酉、戌、亥）與二〇〇二～二〇〇七年（午、未、申、酉、戌、亥）。適合結婚他是「生長」，你是「人氣」的一九九七年，或他是「人氣」，你是「果報」的二〇〇〇年。

土星的他與金星的你

你欣賞他敏捷的思考，他在人群中相當優秀更令你佩服他。和他在一起你必須配合他，所以一有其他不錯的男人出現，你可能會傾向那個新的人。二人的危險期是一九九二～一九九五年（申、酉、戌、亥）。適合結婚他是「開拓」，你是「決定」的一九九六年，或他是「決定」，你是「人氣」的一九九八年。

土星的他與小王星的你

你若眞的喜歡，會有想保護你的慾望，你雖然一方面高興，一方面又會覺得有壓力。所以他不可太過逞強，否則你們也不會長久。

二人的危險期是一九九二～一九九五年（申、酉、戌、亥）。適合結婚他是「開拓」「生長」，你是「生長」「決定」的一九九六～一九九七年，或他是「果報」，你是「充實」的二〇〇三年。

土星的他與土星的你

你們彼此了解，但愈了解，你可能愈不喜歡他。

此外，溫柔的話語不夠多也會使你們頻起摩擦。

二人的危險期是一九九二～一九九五年（酉、戌、亥）。適合結婚的話，二個都是「充實」的一九九二年，「開拓」「生長」「決定」的一九九六～一九九八年，「人氣」的二〇〇〇年。

土星的他與天王星的你

你與他都易被人誤解，因而經常陷入孤獨當中。當他為工作或人際關係而煩惱時，你應該和他站在一線，為他加油並給他鼓勵。不過，你們可能會受人欺騙，要特別小心。

二人的危險期是一九九二～一九九六年（酉、戌、亥、子）。適合結婚他是「生長」「決定」，你是「開拓」「生長」的一九九七～一九九八年。

土星的他是這種人

向上心強、保守，在組織中屬乖乖牌。他工作上能力不錯，技術也很專精，但不擅於人際關係，這點會比較吃虧。

♥喜歡的女性類型/喜歡高雅、高貴型的。對楚楚可憐需要人保護的女人招架不住，對頭腦好又上進的女人特別尊敬。

輕視私生活不檢點的女人。在別人面前不給他面子的女人他也受不了。

♥釣上他的方法/他不是戀愛高手，也不會想到要送花給你。有潔癖，對投懷送抱的女人他是絕對不會有興趣的。

天王星的他與水星的你

若你以自己是女人當武器，他一定會逃之夭夭。他喜歡的是氣質好的女人，你可先邀他一起去美術館或音樂會，先讓他注意到你的存在。

二人的危險期是一九九四～一九九七年（戌、亥、子、丑）。適合結婚他是「充實」，你是「果報」的一九九三年，或他是「生長」「決定」，你是「開拓」「生長」的一九九八～一九九九年。

天王星的他與冰王星的你

他欣賞氣質高雅的你，要吸引他的注意，你可以送他自己做的東西。若你拿買來的毛衣騙他說你自己打的，一旦被他發現，他就再也不會相信你了。

二人的危險期是一九九四～一九九八年（戌、亥、子、丑、寅）。適合結婚他是「開拓」的一九九九年，或他是「人氣」，你是「決定」的二〇〇一年。

天王星的他與木星的你

你是現實主義，他是浪漫主義。你是不是會在不知不覺中用金錢去衡量一個人？若你也這樣去衡量他，他一定會離你而去。

二人的危險期是一九九四～一九九九年（戌、亥、子、丑、寅、卯）。適合結婚他是「果報」，你是「人氣」的一九九二年，他是「人氣」，你是「生長」的二〇〇一年。

天王星的他與海王星的你

即使你們彼此有好感，也沒有機會接近彼此。社團活動或公司的旅行他注意到了你，從此對你一往情深。

二人的危險期是一九九四～一九九六年（戌、亥、子）與一九九八～二〇〇〇年（寅、卯、辰）。適合結婚他是「充實」，你是「人氣」的一九九三年，或他是「開拓」，你是「充實」的一九九七年，或他是「人氣」，你是「開拓」的二〇〇一年。

天王星的他與月星的你

他欣賞你很會照顧人，更喜歡你對人的親切、溫柔。

二人的危險期是一九九四～一九九六年（戌、亥、子）與一九九九～二〇〇一年。適合結婚他是「果報」，你是「決定」的一九九二年，或他是「開拓」「生長」，你是

「果報」「充實」的一九九七～一九九八年。

天王星的他與魚王星的你

你的氣質平凡，並不會特別吸引他的目光。但在某一個時機一旦他感受到你溫柔的一面，他會為你傾倒，尤其是他沮喪的時候。

二人的危險期是一九九四～一九九六年（戌、亥、子）與二〇〇〇～二〇〇二年（辰、巳、午）。適合結婚他是「果報」「決定」「充實」，你是「生長」「決定」的一九九二～一九九三年，或他是「生長」「決定」，你是「果報」「充實」的一九九八～一九九九年。

天王星的他與火星的你

天王星的女性楚楚可憐會讓他想要保護你，不過當他感覺到你強烈的決斷力強時，他會覺得夢想幻滅。

二人的危險期是一九九四～一九九六年（戌、亥、子）與二〇〇一～二〇〇三年（巳、午、未）。適合結婚他是「果報」「充實」，你是「開拓」「生長」的一九九二～一九九三年，或他是「決定」，你是「果報」的一九九九年。

天王星的他與冥王星的你

你們原來對彼此沒什麼感覺，但一旦喜歡上對方，便不會輕易分離。冥王星的女性不擅談戀愛，要當他的女朋友你該下一番功夫。

二人的危險期是一九九四～一九九六年（戌、亥、子）與二〇〇二～二〇〇四年（午、未、申）。適合結婚他是「充實」，你是「開拓」的一九九三年，或他是「開拓」，你是「人氣」的一九九七年，或他是「人氣」，你是「充實」的二〇〇一年。

天王星的他與金星的你

你會迷失在他的浪漫情懷中，二人一拍即合，你自由奔放的魅力會使他勇氣大增。結婚的話他會想要束縛你，所以婚後你最好不要出去工作。

二人的危險期是一九九二～一九九六年（申、酉、戌、亥、子），與二〇〇三～二〇〇五年（未、申、酉）。適合結婚他是「生長」，你是「人氣」的一九九八年，或他是「人氣」，你是「果報」的二〇〇一年。

天王星的他與小王星的你

他看到女性就會不自在，你可先約他吃飯，讓他先放鬆心情。試過幾次若換他請你吃飯，那你們離成功就不遠了。

二人的危險期是一九九二～一九九六年（申、酉、戌、亥、子）。適合結婚他是「開拓」，你是「決定」的一九九七年，或他是「決定」，你是「人氣」的一九九九年。

天王星的他與土星的你

你們適合精神的戀愛，一旦感覺到他的波動，要讓氣氛好一點等他向你表白。

二人的危險期是一九九三～一九九六年（酉、戌、亥、子）。適合結婚他是「果報」，你是「充實」的一九九二年，或他是「開拓」「生長」，你是「生長」「決定」的一九九七～一九九八年。

天王星的他與天王星的你

二個人自尊心都很強，對戀愛都很被動，所以發展起來可不是那麼簡單。你們的朋友關係若稍有進展，可能就有希望。二人的危險期是一九九四～一九九六年（戌、亥、子）。適合結婚二人都是「果報」「充實」的一九九二～一九九三年，「開拓」「生長」「決定」的一九九七～一九九九年，或「人氣」的二〇〇一年。

天王星的他是這種人

攻擊力弱的被動型。太守規矩有時缺乏柔軟性。喜歡高尚的事物、熱愛誠實，服裝也很整齊。不過意外地他也有浪漫的一面。

♥喜歡的女性類型/喜歡氣質高雅，上進、會說話的女性。他也喜歡神秘的女性。
不守信用，約會遲到的人他最討厭。

♥釣上他的方法/因為他易被誤解，所以他一直期待了解他的女性出現。你可與他談他有興趣的話題，理想的約會地點是公園或是去聽演唱會。

第2章

認識命運的波動

——命運周期表出現「強殺」時

了解運勢的變化以掌握最佳時機

●十二羅刹階

人的命運以十二年爲一個週期。我們的人生若以十二年爲一個段落，就有很多個「羅刹階」要爬。十二年爬了十二段的「羅刹階」之後，又會有「羅刹階」出現。六星命運占卜學，把這個命運流程的法則叫做「命運周期」。

這個「羅刹階」並不是很單調的，是你每爬一段就會出現不同的景象。有時會大喜，有時會遇到問題而覺得好像爬不上去的感覺。

這些階，每一年按照順序有以下的名字：「背信」「殺命」「精算」「開拓」「生長」「決定」「健退」「人氣」「浮遊」「再開」「果報」「充實」。這些名字是依據季節以及時間給人的微妙影響而取的。

這十二年的命運周期每三年就畫分成一個段，彷如一年的四季一樣。

其中「背信」「殺命」「精算」是屬冬天期，這個時期相當神秘，特別又稱做「强殺期」。

●了解自己的命運周期

你是否有過「那時如果這樣做就好……」這樣後悔的經驗？「如果那時結婚就好了……」，「如果那時不要換工作就好了……」。

如果那時你事先知道做什麼決定最好，現在就不會後悔了不是嗎？了解自己的命運周期，在自己好運來的時候，好好把握住，在運氣不好的時候，多加注意，如此後悔不是可減少一些嗎？

了解你自己的支配星，便可知道自己什麼時候運氣好，什麼時候運氣不佳？要知道自己的命運周期，其實計算非常的複雜，本書在下一頁爲您準備了各個支配星的命運周期表。

比方若支配星爲水星，「殺命」年就是一九八四年。沿著圖看下去「精算」年是一九八五年，「開拓」年是一九八六年……「背信」年是一九九五年。到了一九九六年又會出現「殺命」。

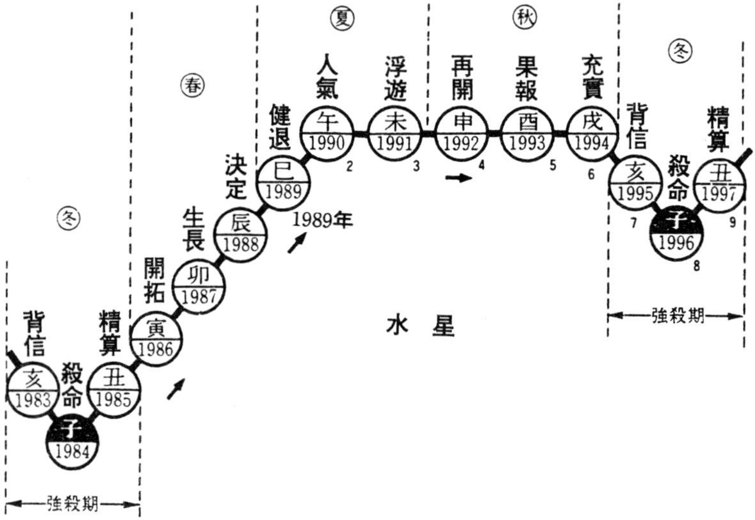
冬
春
夏
秋
冬
背信
殺命
精算
開拓
生長
決定
健退
人氣
浮遊
再開
果報
充實
背信
殺命
精算
亥 1983
子 1984
丑 1985
寅 1986
卯 1987
辰 1988
巳 1989
午 1990
未 1991
申 1992
酉 1993
戌 1994
亥 1995
子 1996
丑 1997
1989年
2
3
4
5
6
7
8
9
強殺期
強殺期
水 星

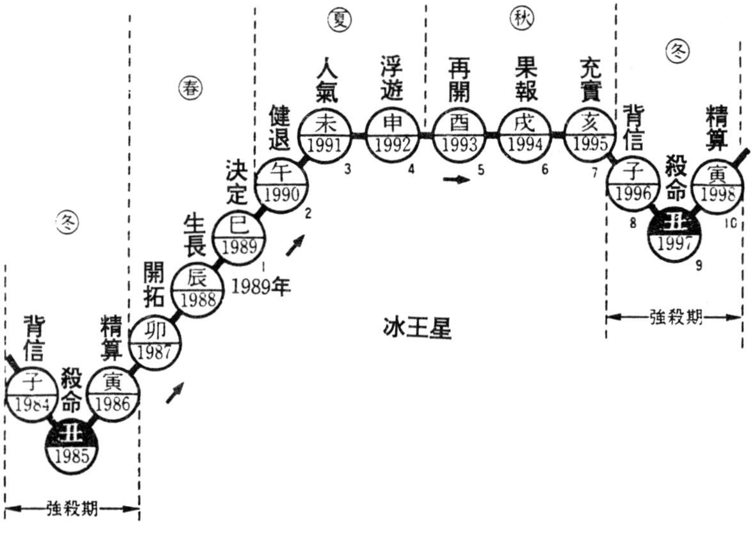
冬
春
夏
秋
冬
背信
殺命
精算
開拓
生長
決定
健退
人氣
浮遊
再開
果報
充實
背信
殺命
精算
子 1984
丑 1985
寅 1986
卯 1987
辰 1988
巳 1989
午 1990
未 1991
申 1992
酉 1993
戌 1994
亥 1995
子 1996
丑 1997
寅 1998
1989年
1
2
3
4
5
6
7
8
9
10
強殺期
強殺期
冰王星

支配星別命運周期表

※圓內的數字是西元，圓外的數字是從1989年開始的年數。

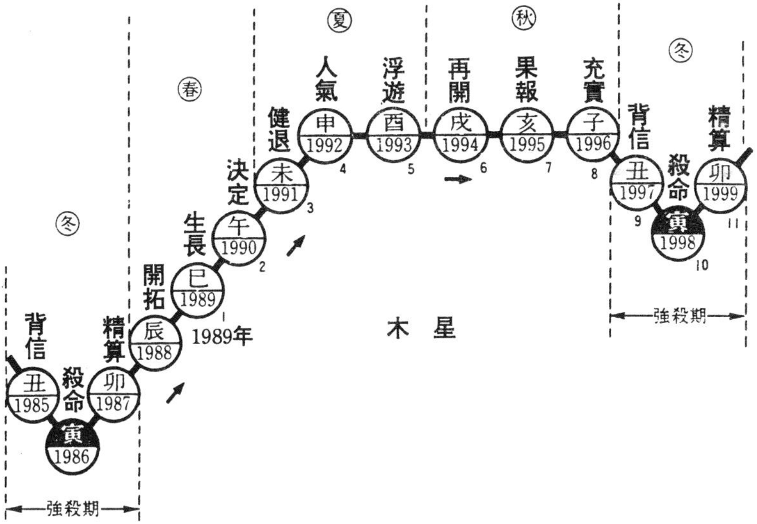

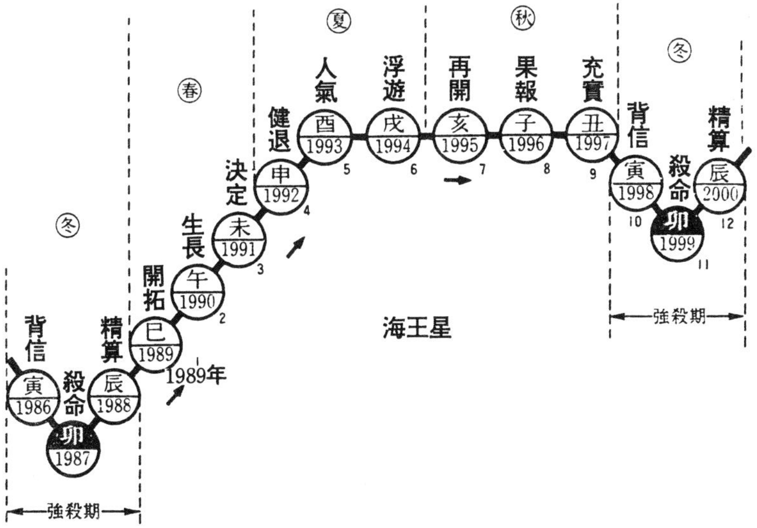

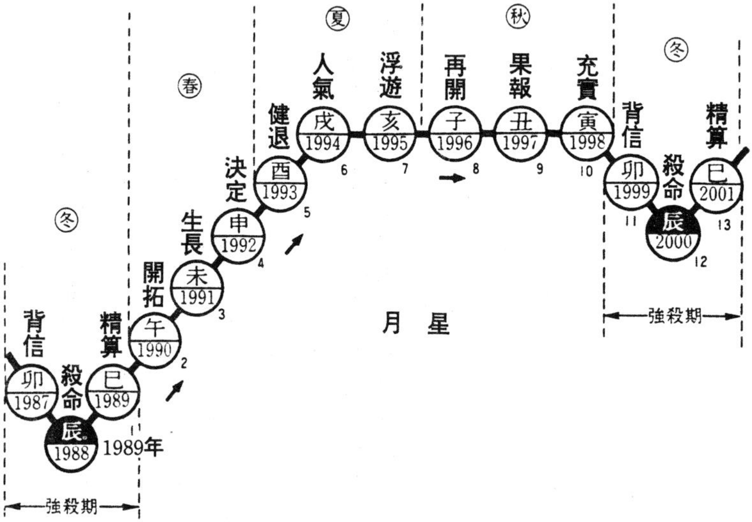
冬
春
夏
秋
冬
背信
殺命
精算
開拓
生長
決定
健退
人氣
浮遊
再開
果報
充實
背信
殺命
精算
卯 1987
辰 1988
巳 1989
午 1990
未 1991
申 1992
酉 1993
戌 1994
亥 1995
子 1996
丑 1997
寅 1998
卯 1999
辰 2000
巳 2001
1989年
強殺期
強殺期
月 星

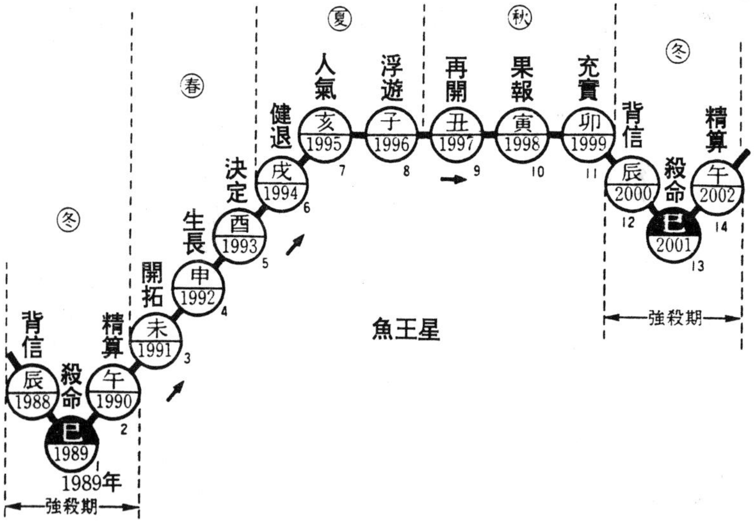
冬
春
夏
秋
冬
背信
殺命
精算
開拓
生長
決定
健退
人氣
浮遊
再開
果報
充實
背信
殺命
精算
辰 1988
巳 1989
午 1990
未 1991
申 1992
酉 1993
戌 1994
亥 1995
子 1996
丑 1997
寅 1998
卯 1999
辰 2000
巳 2001
午 2002
1989年
強殺期
強殺期
魚王星

支配星別命運周期表

※圓內的數字是西元，圓外的數字是從1989年開始的年數。

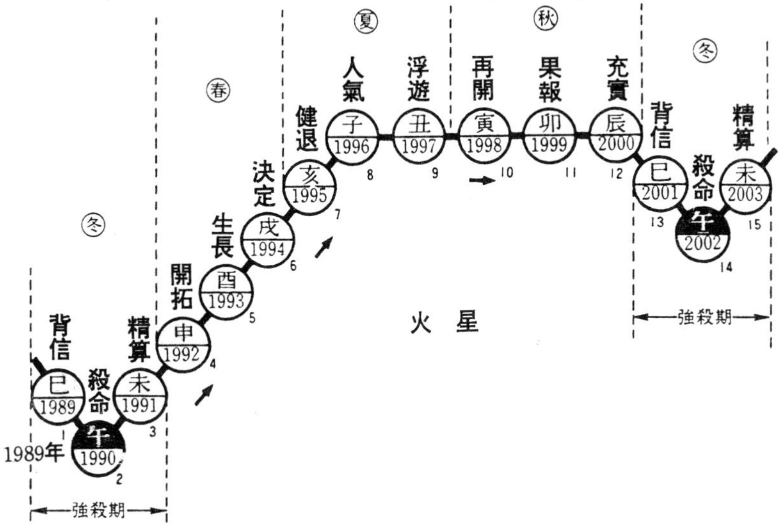

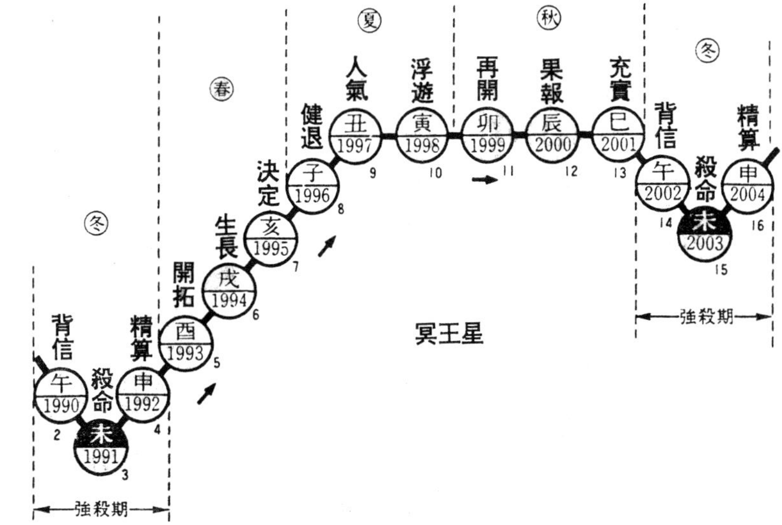

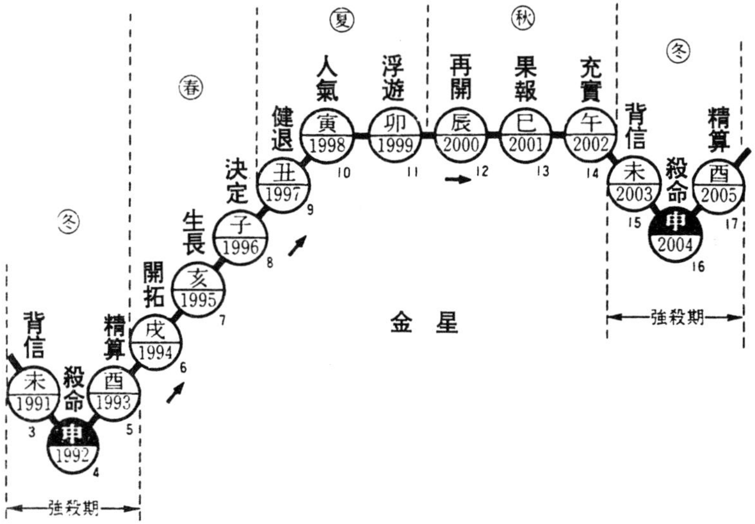
冬
春
夏
秋
冬
背信
未 1991
3
殺命
申 1992
4
精算
酉 1993
5
開拓
戌 1994
6
生長
亥 1995
7
決定
子 1996
8
健退
丑 1997
9
人氣
寅 1998
10
浮遊
卯 1999
11
再開
辰 2000
12
果報
巳 2001
13
充實
午 2002
14
背信
未 2003
15
殺命
申 2004
16
精算
酉 2005
17
強殺期
強殺期
金 星

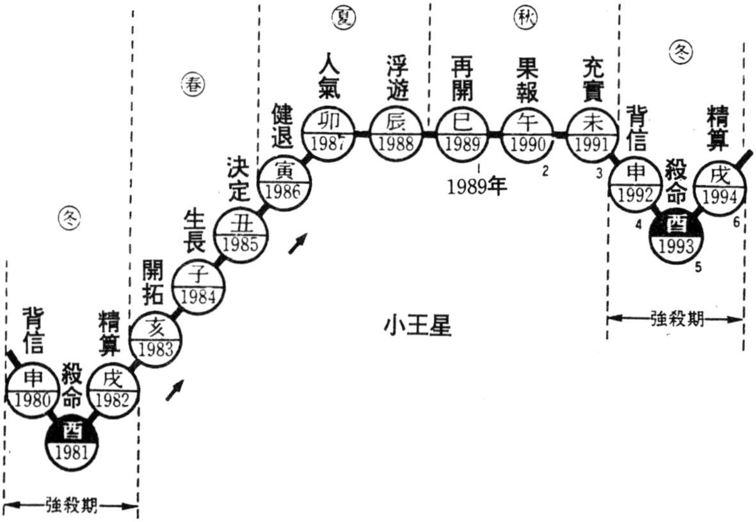
冬
春
夏
秋
冬
背信
申 1980
殺命
酉 1981
精算
戌 1982
開拓
亥 1983
生長
子 1984
決定
丑 1985
健退
寅 1986
人氣
卯 1987
浮遊
辰 1988
再開
巳 1989
1
1989年
果報
午 1990
2
充實
未 1991
3
背信
申 1992
4
殺命
酉 1993
5
精算
戌 1994
6
強殺期
強殺期
小王星

支配星別命運周期表

※圓內的數字是西元，圓外的數字是從1989年開始的年數。

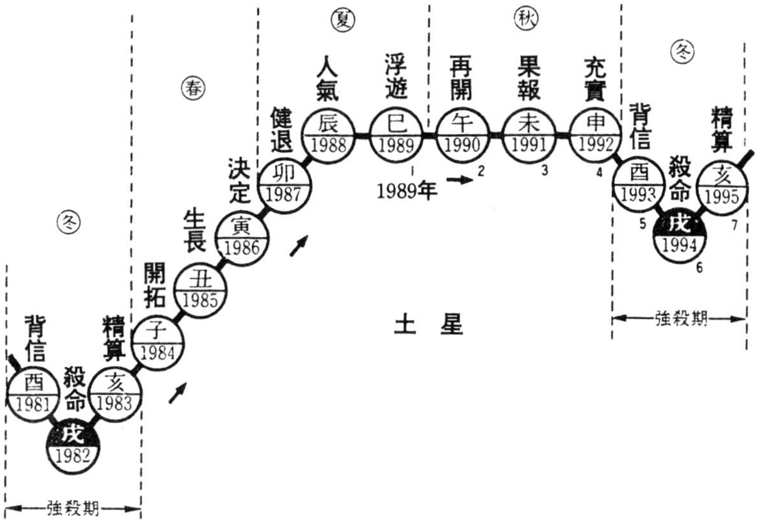

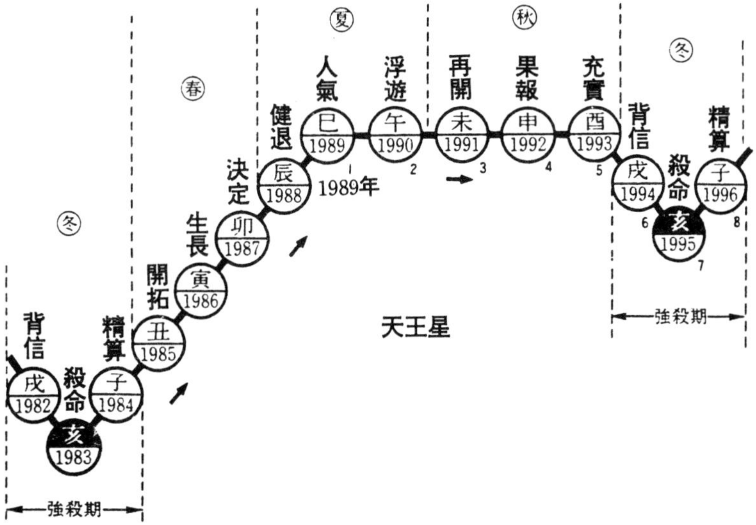

冬—背信期「強殺」開始

★被人所相信的人背叛

嚴冬的開始。北風開始吹起，樹葉一片片向下飄落，强殺期的第一年，所有的運勢也跟著轉壞。

在「背信」期會有很多人背叛你。比方和你很好的情侶要與你分手，你的好友欺騙了你，和家人處得不好……。

你雖然很努力，結果卻都是壞的，有時連自己都快要不支持自己了。

要越過冬天，必須在秋天就開始準備。也就是在一年前「充實」年之前，必須把該做的事都完成，如果半途而廢，在背信期就會看出影響。比方說要結婚，若在充實期之前沒辦好，很可能以後會分手。

★靜待春天的來臨

背信期會諸事不順，像工作不順利，和情人或老公感情漸褪等等。在此切忌焦躁，你可耐心靜待春天的來臨。若你過於想改變現況，情形可能會更糟，與其蠢蠢欲動，不如靜待春天來臨再打算。

這個時期財運也不濟，所以投資之類的，最好也作罷，否則可能損失慘重。

在背信期相遇的人，最後你們一天不會順利結婚。即使他是很理想的結婚對象，也會有很多阻礙，最後一旦結了婚，可能不出三年五年就離婚。

冬Ⅱ殺命期　「強殺」的延續

★惡運連連、壞事連連

你現在仿如站在暴風雪中，完全動彈不得。受傷、車禍、生病、愛人離你而去等一一接踵而來。有的人甚至會失去財產、工作、信用、家人、朋友、自己的生命。

這個時期一切都到達最壞，所以應該有很多人會想要改變現況，所以換工作、搬家、結婚一一出籠，不過這只會使你的情況更糟。

一旦換了工作，你很可能立刻失業，搬了家也不幸跟著而來。這個時期遇到異性的話，你們也不會長久。即使勉強結了婚，日後的婚姻生活也不會幸福，所以最好在這個時期不要考慮結婚。

★在黑暗中有了轉機

殺命期每個人的運氣都不好，當然也不會有幸福可言。

不過，這個黑暗期並不是會一直持續下去。殺命期在下一個十二年新的命運也會有起點。在黑暗中其實已有轉機，只是你看不見而已。

「想換工作」「想取得某種資格」「想留學」「想和他結婚」「想一個人生活」這些想法會是今後命運的種子。

在這個時期可有一個種子，等春天一來臨，這些種子若開花結果，你的成果一定很豐碩。

冬Ⅲ精算期　命運總結算

★環境有很大的轉變，開始感覺到命運會轉變

寒冷已好轉，但春天尚未真正來臨，强殺還會繼續。

這是容易變化的一年，男朋友或老公變心，工作及人際關係激烈轉變，周圍也因環境變化太大而氣氛不定，你會感到相當大的壓力。

連續的背信期、殺命期，有些人終於漸漸看到曙光，那人還未承受重大不幸的人，則惡運連連。

這個時期若結婚一定不長久，不過若是在某次災難中認識的異性，你們日後在一起也許會幸福。像車禍的受害者及肇事者二人若會談戀愛，必是二個人其中的一人正處於這個時期。

★捨去對過去的包袱

「精算」的意思就是命運的總決算。將過去整理一下，準備嶄新的一年。此時你必須把在背信期及殺命期遇到的難題一一解決。

在今年若難題沒有解決完，明年命運也會開始好轉。真正運氣整個轉好，則是從「開拓」年開始。此時可考慮若辭了工作，接下來該做什麼樣的工作比較好，若覺得迷惘，不妨跟周圍的人商量看看，等到下一年再找工作。

在强殺期遇到的情人，這時也差不多要分手了，有的是你想要離開他，也有可能是你被甩。若是你想離開他，不妨乾脆一點，迷戀過去，即使到了春天，好運也不會來訪。

這是强殺的最後一年，忘掉以前的事，春天已悄悄來訪。

春I開拓期　改變幸運就來

★冬眠期結束運勢好轉

期待已久的春天終於來訪，强殺期的雪與冰終於融去，一片新綠的世界終於來臨。春天的綠葉代表你的運勢，你即使不動，你周圍的環境也一直在改變。上司，公司的組織變動，你的工作也會跟著改變。男友的換工作會影響你的戀愛。

在戀愛中的男女多半會分手，一切都有一個嶄新的局面，這個時期變化頗多，你的新戀情也會來臨。

★向新人生挑戰

春天是入學、入社的旺季。冬眠的動植物也跟著甦醒、開拓期是在初春的時候。換工作、搬家、結婚等好事也跟著而來。像是找到好的房子、找到符合你能力的工作、遇到理想的異性等……。

在開拓期最忌還念念不忘過去，在你猶豫時，掌握好運的機會也跟著失去了。換工作，搬家等都對你有幫助，新的人際關係也會爲你帶來好運。

交友範圍愈寬愈好，可把一切賭在新的命運上，相信會爲你帶來好運。

春Ⅱ生長期　亮麗春天來訪

★這時運勢相當好

春天萬物復甦，草木新綠，你的運勢也到達高潮。

從開拓期開始運氣就很旺，不過也不可任它自由發展、自己的命運還是操在自己的手中。

生長期最好多拓寬自己的行動範圍及交友範圍，從前你認爲自己不可能做到的，在這個時期應可做到，即使無法如預期般的順利，也不會失敗得很慘。

一旦進入春天的命運周期，可把金錢做有效的運用。可把錢投資在自己身上，像考駕照、唸書、留學等，這些錢花出去以後，日後勢必可加倍回收。

在開拓期你的交友關係也會跟著拓寬。

★與「冬天」絕緣的時刻

戀愛運也很好，會認識很多異性。但若在强殺期就認識的人，最好現在就分手比較好。在精算期還沒切乾淨的人，最好也是現在把它解決掉。拘泥於過去的人際關係，會使你的好運遲遲不來。

在開拓期沒辦成的事，像結婚、離婚、換工作、搬家等，也可在這個時期和決定期之前趕緊做做看。一直回顧從前對你是沒有任何幫助的。

春Ⅲ決定期　這個時期的決定會左右你的命運

★決定人生目標向前邁進

你的運勢從春天要走向初夏。

此刻你該準備決定自己的人生目標，這個時期若無法決定自己的目標，運氣也會跟著轉壞。

在開拓期及生長期，應該差不多摸清了自己的能力，現在你該決定自己今後要如何走下去。

決定時別因別人反對就退縮，應依自己的意思做出決定。即使父母親反對，若你自己「想結婚」「想換工作」也別退縮，應該當機立斷。若你能獲得幸福，相信終會獲得父母的諒解。不過結婚必須考慮兩個人的八字及對方的命運周期。

★結婚、換工作、搬家時

如命運周期的圖表畫得一樣，能源在上升中。決定期若沒有決定好目標，在健退期可能會有什麼不幸的事。

而且若此時沒有決定好自己要做什麼，很可能在接下來的六年，一直到下一個强殺的這段時間，你都浪費了也說不定。

春天不播種，當然芽永遠也不會長出來。這時是你最後的機會，若你在强殺期對結婚、搬家等有過困擾，不妨在這個時期下定決心，乾脆離婚、搬家。

開拓、生長、決定這三時期是最適合結婚的季節。沒有對象的人不妨在這個時期試試相親。相反地若在決定期離婚的話，以後也不會再結婚了。此外，分手的朋友或情人也不會有二度緣出現了。你們的分離會是「決定性的分離」。

夏I健退期　健康會有問題的「中殺」時期

★運勢暫時休息

夏天真正來臨之前，會先有一段梅雨季節，這時期會想做什麼，可是又無法做的感覺。六星命運占卜學把這個時期叫做「中殺」期，是「强殺」後稍緩和的一段時期。

從殺命期過來後會有一段休息的時期。這是運在到達高峰期「人氣期」之前，補足能源的時期。

一路走過來已經累了的你，可以趁此時養精蓄銳一番。這時你會有什麼都不想做的感覺，所以也不必勉强自己，你可在這個時期重新審視自己一番。

尤其是健康方面。你即使沒有生病，有可能你的家人有人健康出了問題。若有人是這樣，由於每個人的命運周期不同，有些人也會受到家人的影響。

這時期凡事幾乎都沒有進展，你會有點急，這是難免的現象。

★別以為沒什麼大不了的

到決定期爲止一直很順過來的人，會比較容易到達下一個人氣期。但決定期若沒有下好決定的人，很容易生重病、或是被捲入大的事故、車禍中。

別以爲「只是小感冒而已」、「最近胃有點痛，反正沒什麼大不了的」「生理病而已」，若有上述這些情形，應儘早看醫生，別掉以輕心。

若在這個時期吃足苦頭的人，應該把這些苦當作經驗，在下一個人氣期好好把握住當期的運勢。

若你本身就是醫生或是護士，在健退期運勢一定會很好，即使工作太忙而覺得有點疲勞的話，也不用擔心。

夏Ⅱ人氣期　十二年一次的高峰期

★遙遠的夢也會實現

如夏天的烈陽般運勢達到最高峰。結婚、戀愛、換工作、升官，每一樣皆可如你所願。以前你覺得無法實現，的這個時期也可實現。

這是在開拓、生長、決定期你心中有所願，既而做下決定然後努力，一直到現在才達成的。若此時你也沒有對象，也沒法結婚，那是因爲那時你沒有「想要有一個對象」「想結婚」的慾念的緣故。

想買房子的人也會心想事成。附近或公司內有討厭的人也會自動離去。你想要和他分手的話，也可順利達成。

★強殺期和決定期會影響日後

如「人氣」這個詞，在此時人氣及信賴集一身於你。工作也受到大家的肯定，你不被人肯定的才華，也會在此時重新被人肯定。不過，此時不宜換工作，你現在的運勢只適用於你現在的公司。

結婚對象若是從決定期以前就交往的，就是「大吉」。若是受周圍人影響才想結婚的，必須先查過對方的命運周期，若因對方正處於强殺期，你們很可能在第三年的果報期或第五年的背信期離婚。

人氣期是十二年才有一次。爲了讓花朵在此時開放，就要努力準備種子。

在强殺期及決定期沒有下功夫努力的人很可能會有更大的災難在等著你。比方在强殺期結婚，在決定期沒有下決定的人，到了人氣期可能演變成離婚、破産。在本來應該開花結果的這一年，你反而運勢比强殺期更差。

夏Ⅲ浮遊期　不可大意的「弱殺」期

★稍不小心便後悔莫及

在人氣期盛開的花，到了浮遊期也開始要謝了。運勢到此也要稍微休息一下。六星命運占卜學繼强殺、中殺之後，把這個時期叫做「弱殺」。

凡事都很順利的人氣期過後不可太掉以輕心，若一稍微不注意，很可能會犯下致命的錯誤。像你隨便買下的寶石、名牌品，很可能使你付上大額的貸款，或是遇到外遇事件，最不好的可能把命也丟了。

「不可大意」。好不容易終於開花結果了，若在此時失去信用而被迫辭職，或是男友，老公有了新歡，或自己同時跟很多人在交往等，都是很可惜的。

★最好是保持現狀

若你覺得自己在工作上的評價很高，而無心工作，只想玩樂，很可能別人對你的信賴會減低。

「浮遊」的意思就是心情不定，易生迷惘。若你想換工作，這個時期可能不會如你想像的那麼順利，你不如維持目前的狀況較好。

談戀愛也不會很順利，因心情不定，很可能和對方只是玩玩的而已。你可能會因戀愛問題而搞得大家都知道，甚至影響到別人。但若從以前就交往到現在的對象，你們現在結婚應該會很幸福。

浮遊期之後，運勢會再昇高，浮遊期謝了的花，在秋天開始的再開期便會結果。可是，若是完全謝了的花，就不會再結果了。

秋Ⅰ再開期　運氣好轉

★藉他人的力量開運

秋風開始吹了，以往的努力現在也慢慢在結果。在浮遊期停滯的運勢也在此時昇高。

在命運的法則中，認爲從春天的開拓期到夏天的人氣期，依靠的都是自己的力量，人氣期以後依靠的就是別人的力量。在强殺期動作過多，決定期未下決定，人氣期願望未達成的人，可在此時借助他人的力量，使運勢上昇。

藉著與昔日好友的相見，定可獲得他們的幫助。同學會中的昔日同學，或許也會爲你帶來好運。

這個時期工作運會很好，可獲得上司的提拔。在浮遊期謙虛地反省自己並認真工作，可使在工作上下滑的聲譽再度攀升。

★活用過去的經驗

再開期中可活用過去的種種經驗。此時財運也很好，財產可望增加。你可選擇可活用過去經驗的工作，否則選了你没經驗的工作反而使運氣變差。不要換工作，在原來的公司好好努力，定有一番作爲。

與昔日的情人相遇，會再度陷入愛情中。即將離婚的夫婦也許會重修舊好。處於倦怠期的夫婦或情侶，也可趁現在換換工作。

離婚的人可望在此時有再婚的機會。再開期中「再會」或「再婚」的情侶，將來必定會很幸福。

不過，初次結婚的人則最好不要在此時結婚，否則演變成再婚運的話，你們很可能在下次的强殺期就分手了。

秋Ⅱ果報期　準備收穫了

★財運、工作運都有

終於到了收割的秋天了。這時期可收穫的，首先是錢。

工作也會很順利，雖然很忙，但相對的收入也會進來，像是獎金，業績獎金等。即使失業了，也可靠保險金及退職金，暫時生活不成問題。這時期也可開始各項投資。

這個時期若搬家以後，金錢方面也可保不愁，永遠可過富裕的生活。

在人氣期沒有開花結果的人，在浮遊期又沒有任何成果的人，在果報期當然沒有可收穫的東西。所以在經濟上可能會很辛苦。

★要注意人際關係

錢一直進來，工作也很順利，戀愛運當然也很好。女性若在此時不知該選擇愛情還是麵包，奉勸你不妨選擇麵包。優先選擇經濟條件好的，才可確保你日後幸福的婚姻生活。

以前生活儉樸的人，很可能忽然進來一大筆錢。由於忽然有了這麼一大筆錢，變得浪費奢侈，甚至把錢也用到與人的交往上，而種下日後的禍因。

財運方面很好，但命運周期的運勢已過了高峰。應多注意人際關係，切記「工作和金錢上可大膽些，對人則要謙虛」。

秋Ⅲ充實期　準備迎接即將來臨的強殺

★把收穫的「財產」儲備到冬天

收穫完了，你的財產勢必也滿滿，你的運勢在此時達到頂點。

不管是精神或是物質，應該都很「充實」了。此時因過於自信，別人會因此離你而去。所以在此時晚秋充實期，可開始準備即將來臨的冬天——強殺。可把努力得來的成功及別人對你的信賴，當作自己的財產，好好地守成。

★不要嘗試新的事物

下一年强殺就來臨了，所以不要輕易嘗試新的事物。像換工作，結婚最好都作罷。若用以前的錢買新房子可以，但若貸款則屬下下策。

若在此時遇到了你很想和他結婚的對象，不要等到明年，要趁充實期趕快結婚。若等到明天以後才結婚，你們可能不會幸福。

這十二年一個周期有其一定的變化，若想諸事順利，別忘了事先了解命運的波動，以做好萬全的準備。

第 3 章

不可思議的命運八字

——幸運的八字，不幸的八字

十二支可知道命運八字

●會招致死亡的「強殺八字」

大家常會把「合不合」這個字放在嘴巴，比方「A型和O型很合」，「天秤座和山羊座不合」……。

這些合與不合只是像八字診斷般的，其實即使是最不合的八字，其中也一定可以找到一個共存點。

四八頁～八四頁說的支配星合不合便是這種「性格八字」的一種。也就是像花與花的八字——「百合花與向日葵花合不合」。

但在六星命運占卜學中有一種「命運八字」的看法，比方花與環境合不合？這會直接影響到那個人的命運，看情形，有時甚至會影響生死。

把種在墨西哥沙漠的仙人掌種在潮溼的地帶，它的根可能會腐爛而死。相反地，若把潮溼地帶的植物移植到沒有水氣的地方一定會乾枯而死。適合於哪種環境，因植物的種類而有所不同，若把它置於不適合它的環境，最後終究難逃一死。

人的十二個支配星也有與環境的八字。

這個「環境」便是包圍這個人的十二支。我提過很多次了，十二支對你的命運會有很大的影響。十二支不合的生活，仿如把植物種在不合它的土地上，這是非常危險的。

若你與十二支不合的人談戀愛，即使你們真心相愛，最後也不會有好結果。據我研究的結果，年輕卻早死的人，原來他和與他十二支不合的人結了婚。

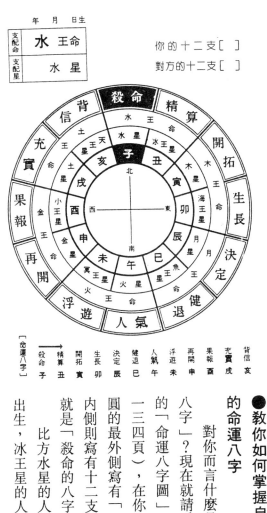

年　月　日生

支配命	水王命
支配星	水星

你的十二支［　］

對方的十二支［　］

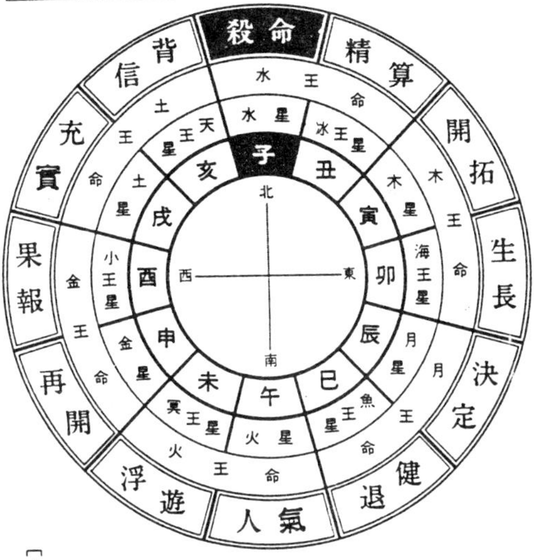

背信 亥
充實 戌
果報 酉
再開 申
浮遊 未
人氣 午
健退 巳
決定 辰
生長 卯
開拓 寅
精算 丑
殺命 子

「命運八字」

●教你如何掌握自己與他人的命運八字

對你而言什麼是「强殺的八字」？現在就請看你支配星的「命運八字圖」（一二九～一三四頁），在你支配星同心圓的最外側寫有「殺命」，最內側則寫有十二支，那十二支就是「殺命的八字」。

比方水星的人在「子」年出生，冰王星的人在「丑」年出生，便是殺命的八字。接著往順時鐘是「精算」「開拓」「生長」……一直到「背信」，就可看出你與十二支的「命運八字」。

「背信」的八字，「殺命」的八字，「精算」的八字，這三個是「强殺的八字」，也就是「凶」。特別殺命的八字是「大凶」。此外，「浮遊」及「健退」的八字也不好。「人氣」、「果報」、「充實」、「決定」的八字則是「大吉」。

「命運八字」不只可以看情侶，夫婦，也可以看父子、婆媳，上司與部屬、同事、朋友等。不過千萬不要認爲「我反正和他不合」就完全不加理會。

「命運八字」是要告訴你如何與周圍的人相處。

背信的八字×——引你自滅的「強殺」八字

對你而言，背信八字的人會讓你爲他付出一切。你一切都只爲他著想，你可爲他向人借錢，甚至爲他背叛別人。你會爲了他一敗塗地，也在這個時候他就從你身邊消失。

與「背信」八字的人談戀愛，一定是你對他一見鍾情，或他在你落魄的時候出現了。但一旦陷入這場戀情，你會爲了他犧牲你最重要的，如家人、工作、金錢、生命。

即使你們結了婚也絕對不會幸福，你終究會被對方背叛。此時你的運勢會滑落，像常生病，朋友離你而去，工作及金錢不順。

若是你們結婚了也絕對不會幸福，你終究會被對方背叛，此時你的運勢會滑落，如常生病，朋友離你而去，工作及金錢不順。

即使你們已結了婚，他也會在外面另結新歡且夜夜不歸。若無法離婚，此時你們不妨先分居。

做生意也要避開背信八字的人。對你來說，這種上司、部屬、同事會使你諸事不順，你儘管再努力也是錯誤百出，只要失敗責任便歸你，成功的話功勞則歸對方。

有時不得已要和這種人共事也要多加注意，你可參考從一五三頁開始「與强殺八字的人相處之道」。

殺命的八字　×——在神秘魅力的背後隱藏可怕的殺機

在恐怖的「强殺」中，有最兇的「殺命」干支，對你而言殺命八字的人，就是魔。他的第一印象很鮮明，你會覺得他與自己不同，也與別人不同。一見鍾情接下來悲劇就要發生了。

殺命的八字也叫做「神秘的八字」，好像中了對方的魔法一樣，魂被奪走了，自由也被奪走了。

和他戀愛你會覺得他是全世界最棒的，同時苦於該如何佔據對方的心，甚至失去理性。最後可能連工作也沒了，家人也沒了，朋友也沒了。

有些女孩愛上了自己的上司，他說「我會和太太離婚和你結婚」「我無法和我太太分手，但我會一輩子照顧你」，他這麼說的話，千萬別相信他。

殺命的八字你使對方背叛你，而你卻看不見對方的本性，最後哭的還是你。

有很多人還是執迷不悟，即使被背叛了也心甘情願，你就好像被他釘牢了一樣，動彈不得。

婚後即使你想生個可愛的寶寶，或想過富裕的生活，這點小願望也不會實現。與殺命八字的人結婚，你一切都不會順利。

遇到殺命八字的上司、部屬、同事也一樣會有麻煩，你可儘量克制自己，多聽聽別人的意見。

若不幸與殺命八字的人相戀或共事也不可絕望，這或許是不可避免，你不妨參考一二一頁「浮遊的八字」，一五三頁「與強殺八字的人相處之道」。

精算的八字

×——終有一天必須精算的「強殺」八字

「精算」的人與「背信」「殺命」一樣都是「強殺」八字的人。不管是和這種人戀愛、結婚或是共事，你們的關係都必須清算。

他會在遇到困難的時候出現在你身邊，當他出現時，你會很想擁有他。不過，愈交往你會愈發現你們不適合，你也不了解對方，最後只好分手。

若因爲工作地點變更，你們非分手不可，此時最好乾脆分手比較好。若你們繼續交往下去只是有害無益。也許連地位、財產、生命都會出問題。

若和精算八字的人結了婚，在金錢上會很辛苦。不只如此，還可能同時還會遇到事故，疾病等不幸。

若你遇到精算八字的上司，你們之間會常常發生衝突，你可能也爲了一些小事而提出辭呈。

若你與這類的人相處的方法時，這對你也許可減輕一些傷害，從一五三頁開始我們會談到與强殺八字的人相處之道。

開拓的八字〇——可把你帶往另一個新世界

遇到這種人，你的世界會截然不同。遇到「開拓」八字的人，他可幫你「開拓」未來。像換工作、搬家、培養新的嗜好，改變吃的食物及服裝等。有了新的人際關係，你自會遇到其他不同的人。

但戀愛則不長久，你們的愛情屬於來得快去得也快那一型的。若想要結婚，可趁還未冷卻時盡早決定。可找些朋友來家中開開舞會讓氣氛熱鬧。你們與其努力存錢，不妨把錢花在共同的興趣及旅遊上。你們不會有很多的財產，但生活也不致發生困難。

若與開拓八字的無法結合，你也不用太過悲觀，因他會爲你帶來其他的人。他會在他離去之前，爲你帶來另一個人，所以你不用擔心。

與這類人共事，他們會有各種不同的好點子。若他是你的上司，他會肯定你的才能，並給你發揮的機會。

生長的八字○──可與他相處得很融洽

與「生長」八字的人交往，你也許在各方面都會有所成長。比方人際關係不好的人，爲人變得敦厚；頑固的人變得通情達理；偏狹的人視野變得較寬。爲此，你的朋友也跟著變多，工作也愈來愈順利。

你與這類人好像從以前就認識似的，處得非常地融洽，你與他們在一起會非常放心、愉快。

結了婚的話，你們會是很好的朋友。金錢方面也不用愁、家庭非常地和樂。

不過，與自己初戀的對象結婚的就比較少。由於你們的戀情不是很激烈，太過平淡反讓你覺得「也許會有更好的人出現」！

上司、部屬或同事之中若有生長八字的人，你在人際關係方面一定很順利，交際圈也會拓寬。此外，若與這種八字的人結了婚，雖然缺乏羅曼蒂克的氣氛，卻很平實。

○決定的八字

○——他會「決定」你的未來

這個人會決定你的心及你的未來，尤其在你迷惘的時候，他就特別重要。你因爲他的鼓勵，從消極變爲積極，他給了你勇氣與自信。

你們雖對彼此有好感，卻怎麼也燃燒不起來，兩個人的關係仿如朋友。若你們的興趣，生活方式，想法一致的話，要結婚就不難了。

你與「決定」八字的人結婚的話，會組織一個很穩固的家庭，生活非常地平穩。

不過你們會經常吵架。雖然如此，愈吵愈好，即使有一段時期分居，最後仍然會在一起。

你們的關係有時會是想分也分不開。

工作上則是可信賴的夥伴。不過，他也會把你當作「部屬」，把他自己當作「上司」。他會對你的表現很滿意，但你也只能永遠做個「優秀」的部屬，不會有機會超越他。

健退的八字

△——你的願望會無法實現

你容易在危難的時候遇到「健退」八字的人，因他可以幫你解決問題。本來問題解決後你們的緣也差不多了……。

可是問題解決後，你們繼續交往並結婚的話，你的願望可能無法達成，其他的問題也接踵而至。你們原本很順利的戀情，也很可能對方有新歡出現而亮起紅燈。

生病、事故、壓力會使你的健康亮起紅燈，一直順利的運勢也開始下滑。不只健康有問題，你可能因沾上酒或賭而失去辛苦建立的一切。

若是身體本來就不好的人與這種八字的人結了婚，反而會變得健康。若你認識的是像醫生、護士、律師之類的人，你的運勢應會好轉。

在工作上，若有這樣的人，不管他是你的上司、部屬或是同事。你們一旦一起共事，便會麻煩不斷。像倒閉、詐欺等，你會疲於應付這些，最後終於躺下去。你解決了一個問題，又會有新的問題跟著來，永遠不得安寧。

若你是在人氣期、果報期、充實期遇到這類麻煩的話，可能還可以解決。若在强殺期運勢較弱的時期遇到的話，你可能會非常辛苦。

人氣的八字◎——可為你帶來幸福

能夠遇到這類的人是你的運氣，他應該會是理想的對象，你不要管他的外表、收入、職業、學歷，他應是可結婚的對象。他可以爲你帶來人氣、信賴以及幸福。即使周圍有人反對，生活很清苦，你也不必擔心，終有一天你們會得到大家的諒解。你們會是很幸福的一對，你們的問題也都會解決。

工作方面若有這樣的上司、部屬、同事，你的成功也指日可待了。若有朝一日失敗了，也會得到周圍人的幫助。和這種人共做一個企畫案，由於你們的成功，你們在公司內外的信用也會跟著提升。

你的朋友、家人當中若有這種人，他們會是你商量事情的對象，你周圍人氣八字的人愈多，你愈會成功。若幾乎沒有這種人的話，你的運勢也會跟著下滑。

不過也不是説他們帶給你的都是好運。若你正處於强殺期，人氣八字的人也會像「强殺八字」一樣爲你帶來不幸。

在强殺期的三年當中，會分手或緣盡。這時期若沒有分手，最快在冬天的最後一年，也就是精算期開始就差不多會分手了。

浮遊的八字△——可當作治療的藥劑

浮遊八字的人會是你的好玩伴，你們追求的只是一時的快樂，即使你真心愛對方，也總會有飄浮不實的感覺。

和這種人一交往，你會只想到玩，甚至把工作也給辭了。爲了玩把貯蓄也都化光了，信用卡也簽了一堆賬。即使你和這種人結了婚，日後的生活也不會安定，還會發生外遇事件。其實一方發生外遇，也許對你們來說是好的，因爲若没有外遇事件，可能工作會有大麻煩，或是你們當中會有人生病、受傷。

使你遭遇不幸又使你喪失自信的人，此時他可治癒你的心。浮遊八字的人竟有像「藥」一般的功用。

特別是你遇到殺命八字的人時，這種浮遊八字的人可爲你保平安。

工作上這類人只可當作玩伴，你們無法合力完成一件事。不過，你若遇到殺命八字的上司或殺命八字的顧客，浮遊八字的或許是你的解藥，他可以幫助你。

再開的八字○——可再次為你帶來好運

再開八字的人與你會有二度緣。比方你有了大麻煩，或失去了信用、財產、自信的時候，若是遇到再開八字的人，你便可以再度站起來。

初次見面你們可能沒什麼感覺，第二次見面才有愛苗出現。

你們不適合一開始就在一起，即使第一次結婚你就選他，很可能最後也是離婚。若有一方是再婚的，反而可建立幸福的家庭。

工作也一樣。若新公司的上司是這種八字的人，或新調來的上司是這種人，你的能力必可發揮。顧客若是這種八字的人，第一次也許談不成，第二次一定沒問題。學生時代的朋友有可能在你們同學會上再相遇，他也會是你日後的助力。

父子若是這種八字，若離開了家也一定會再回來。這種八字的人即使吵架，也不會真的分手。工作中的人際關係也一樣。此外離了婚的夫妻，也會再重修舊好。

果報的八字◎——可為你帶來金錢、財富

「果報」八字的人可爲你帶來財運。有了錢，自然就會有地位與名聲。

女性很適合和這類人結婚，婚後生活必定無憂。你們即使不說話心靈也能相通，相親結婚很適合你們。你們在財運方面很好，尤其是「買房子」「拓寬事業」都會使你們心想事成。

工作上與這類人合作，你的收入也會大幅增加，昇官也會比別人快。你要好好把握周

圍中果報八字的人。

充實的八字◎——可為你帶來成功

充實八字的人與人氣八字的人一樣會是你理想的對象。人氣八字的人可使你的願望實現，爲你帶來「人氣」及「矚目」，充實八字的人則可以爲你帶來「成功」及「信用」。遇到這種人，你的財運、工作運都會很好，自然地位和名譽也緊跟著來。你們的戀情會是「成熟的戀愛」，如果結了婚，精神上及經濟上都可獲得相當大的滿足。即使你與這種八字的分手，戀愛運也不會變壞。因爲只要遇上這種人，你的運勢就上升了，你又會再遇到好的對象。若上司是這種人，你要昇官也不會太難；若是部屬或是同事，也會是好的工作夥伴。

當然，所有的成功不能完全歸功於自己，由於有他所以你才會成功。若你讓充實八字的人變成你的敵人，你的惡運也會跟著來。所以對充實八字的人要以誠相待。

沖王命——與自己的八字是「殺命」的人

當你看自己的命運八字圖時，自己出生那年的十二支（干支）是否有在「殺命」的位

支配命	殺命之月〔殺命十二支〕
水王命	水　星——12月〔子〕 冰王星—— 1月〔丑〕
木王命	木　星—— 2月〔寅〕 海王星—— 3月〔卯〕
月王命	月　星—— 4月〔辰〕 魚王星—— 5月〔巳〕
火王命	火　星—— 6月〔午〕 冥王星—— 7月〔未〕
金王命	金　星—— 8月〔申〕 小王星—— 9月〔酉〕
土王命	土　星——10月〔戌〕 天王星——11月〔亥〕

＊十二個月也有十二支的陰陽

〔陽　　月〕	〔陰　　月〕
12月——子	1月——丑
2月——寅	3月——卯
4月——辰	5月——巳
6月——午	7月——未
8月——申	9月——酉
10月——戌	11月——亥

置上。若有的話，你自己本身就與你不合了。

水王命子年出生（水星）與丑年出生（冰王星），木王命的寅年出生（木星）與卯年出生（海王星），月王命辰年出生（月星）與巳年出生（魚王星），火王命午年出生（火星）與未年出生（冥王星），金王命申年出生（金星）與酉年出生（小王星），土王命戌年出生（土星）與亥年出生（天王星）的人，總稱做「沖王命」。

沖王命的人是在生命能源停止時出生的，所以會有特殊的命格。

比方强殺期便與別人不同，他們會六年就一次强殺期，也有的三年一次，命運的變化較大。沖王命的人不只「殺命」的前後三年，「人氣」的前後三年也有可能是强殺期。

比方水王命的人十二（子）月，一（丑）月前後是「殺命」，運勢較弱，若這個人又是沖王命，他在「人氣」六（午）月，七（未）月前後也會比較容易發生不幸，日運也會有同樣的情形。

日曆上常會寫「戌」「丑」「午」「未」等，也就是水王命沖王命的人，在這些日子要特別注意。

命運八字也可說是一樣的。沖王命的人使用在命運八字圖「人氣」的十二支之要素，與使用强殺八字會發生相同的現象。比方水星的人其「人氣」的十二支是「午」，這不只意味著午年出生的人，以方位來講的話是南方，地方是百貨公司，鬧區，市中心，名古屋。其他也代表了馬和花。

第五章我們會花到，普通使用「人氣」「充實」十二支之要素應可躲過强殺。可是沖王命的人，若隨便使用「人氣」的要素，反而會招來禍害。

●沖王命的人有另一種性格

沖王命的人表面上看起來很强，其實內心脆弱；表面上看起來很開朗，其實內心憂鬱。多數沖王命，其自己的支配命會與相對星的特性相符。請看看從一二九頁開始的命運八字圖，位於水王命反方向的是火王命、木王命是金王命、月王命是土王命、火王命是水王命、金王命是木王命、土王命是月王命。沖王命的人會有與本來支配星相反的性格。

不過，並不是完全沒有原來支配命的性格，而是有另一種性格。兩種性格交替出現，個性相當地複雜。本書不僅教您看自己的支配命，若是沖王命的人還可以看看相對位置的支配命。

沖王命的特徵可說是「具有原來支配命及其相對支配命的神秘之星」。

沖王命的人誕生在嚴寒的冬天，且是强殺的「殺命」年。生物都在冬眠，生命呈現休止狀態，本來不是他該出生的時間，可是他卻藉助相對星的力量誕生下來。相對星在此時則正是盛夏，運勢正好。

沖王命的性格便受到這二種星的影響，因此，原來的「人氣」命運周期及命運八字便

會產生異變，因爲相對星正處於嚴冬的强殺期，而自己本來是「人氣」，所以也會有喜事，相反地，原來自己這邊是强殺期，但相對的地方因是夏天，所以也會有好事。其實，沖王命的人往往會在自己的强殺期遇到合適的人結婚。

●與別人不同的生活方式

生於這麼特殊的環境，沖王命的人多半必須經過嚴格的歷練。比方戰前出生沖王命的人，便歷經了封建社會及物資缺乏的時代。

不過戰後出生沖王命的人有很多是活躍於各界的。像作家林真理子、歌手松田聖子、藤井郁彌、演員吉田榮作、歌唱家木梨憲武、漫畫家池田理代子。美智子皇后陛下、首相宮澤喜一、自民黨副總裁金丸信、美國布希總統、蘇聯葉爾欽總理、英國梅傑首相。以及戰後的巨星石原裕次郎及美空雲雀。

以前沖王命的人無法與家人長住，必須在二十四歲以前就離家，有很多人是很早就死了父親或母親的。現代則有很多離婚夫婦的小孩是沖王命的。若您有沖王命的小孩，要儘早培育小孩自我獨立。

沖王命的人有很多在家人及未來出路上都會有煩惱，不過他們應拿出勇氣向人生挑戰。不只爲了自己，爲了家人及社會，你們應該發揮你們獨特的個性及能力。

支配星別命運八字圖

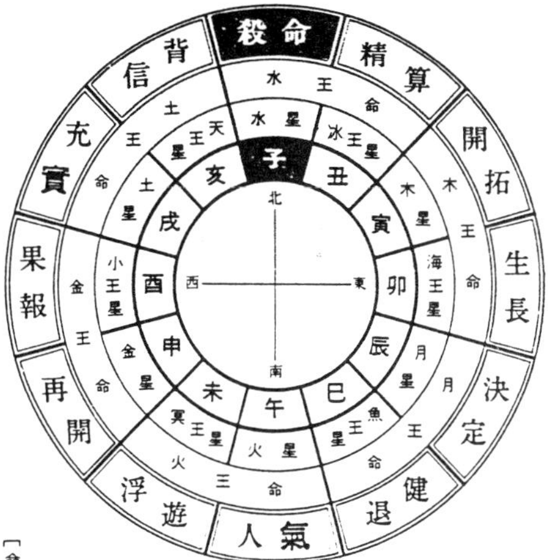

年　月　日生

支配命	水王命
支配星	水星

你的十二支〔　〕

對方的十二支〔　〕

〔命運八字〕→

殺命	精算	開拓	生長	決定	健退	人氣	浮遊	再開	果報	充實	背信
子	丑	寅	卯	辰	巳	午	未	申	酉	戌	亥

年　月　日生

支配命	水王命
支配星	冰王星

你的十二支〔　〕

對方的十二支〔　〕

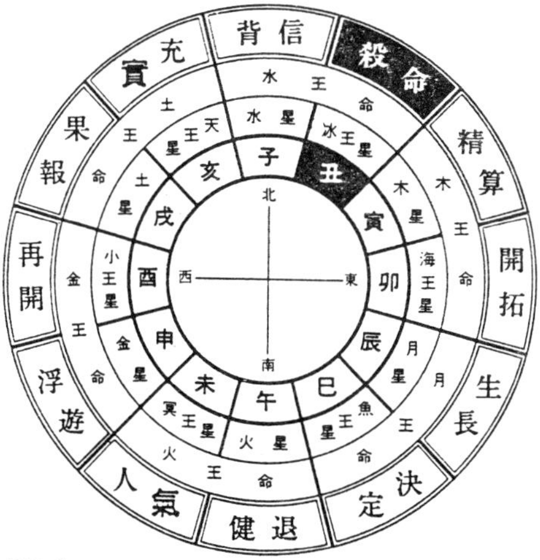

〔命運八字〕→

殺命	精算	開拓	生長	決定	健退	人氣	浮遊	再開	果報	充實	背信
丑	寅	卯	辰	巳	午	未	申	酉	戌	亥	子

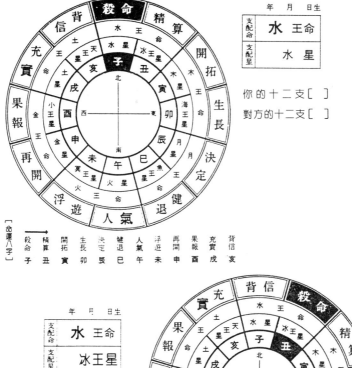

年 月 日生

支配命	木王命
支配星	木星

你的十二支〔 〕

對方的十二支〔 〕

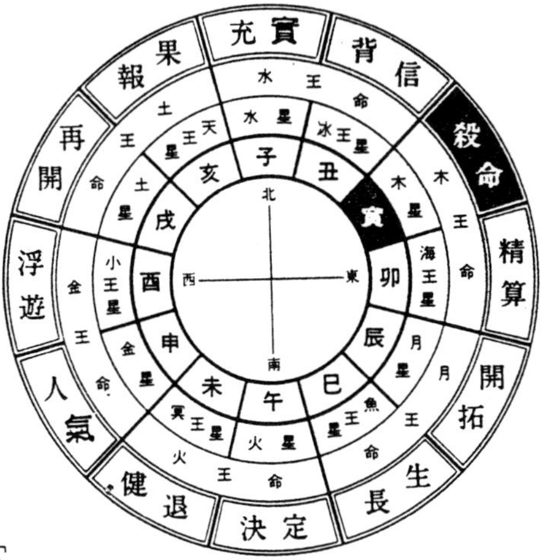

〔命運八字〕

殺命	精算	開拓	生長	決定	健退	人氣	浮遊	再開	果報	充實	背信
寅	卯	辰	巳	午	未	申	酉	戌	亥	子	丑

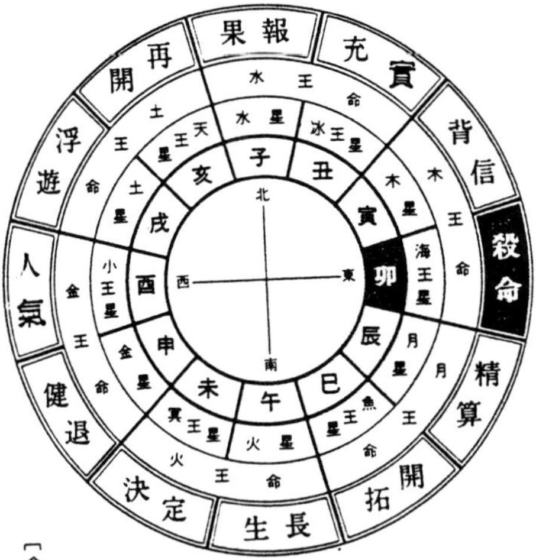

年 月 日生

支配命	木王命
支配星	海王星

你的十二支〔 〕

對方的十二支〔 〕

〔命運八字〕

殺命	精算	開拓	生長	決定	健退	人氣	浮遊	再開	果報	充實	背信
卯	辰	巳	午	未	申	酉	戌	亥	子	丑	寅

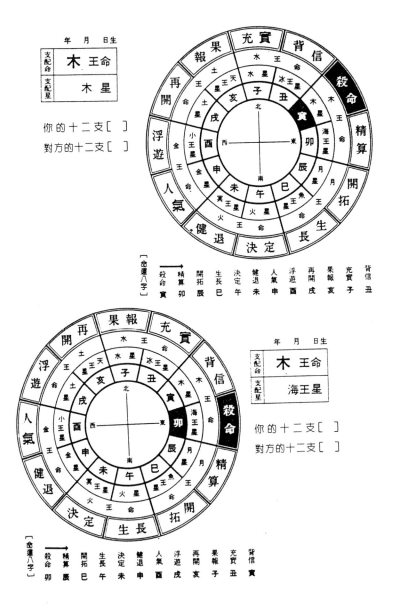

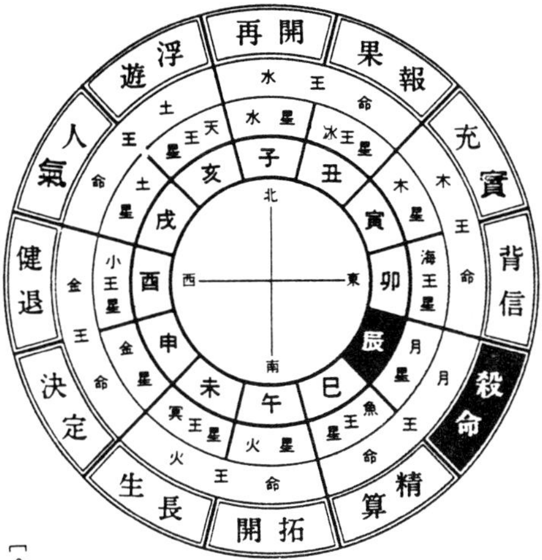

年　月　日生

支配命	月　王命
支配星	月　星

你的十二支〔　〕

對方的十二支〔　〕

〔命運八字〕

殺命	精算	開拓	生長	決定	健退	人氣	浮遊	再開	果報	充實	背信
辰	巳	午	未	申	酉	戌	亥	子	丑	寅	卯

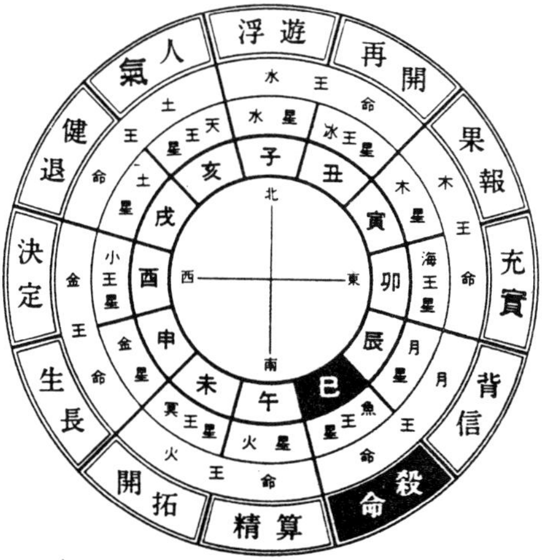

年　月　日生

支配命	月　王命
支配星	魚王星

你的十二支〔　〕

對方的十二支〔　〕

〔命運八字〕

殺命	精算	開拓	生長	決定	健退	人氣	浮遊	再開	果報	充實	背信
巳	午	未	申	酉	戌	亥	子	丑	寅	卯	辰

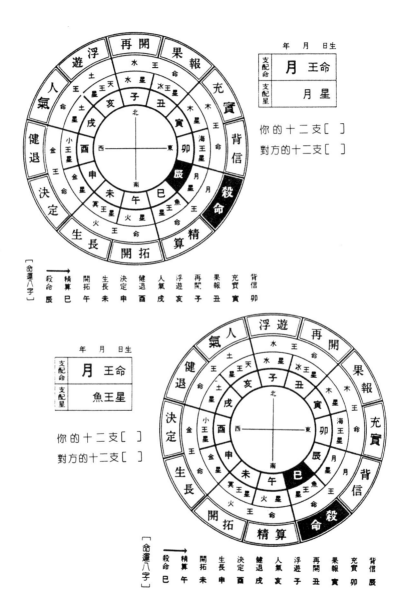

	年　月　日生
支配命	火 王命
支配星	火星

你的十二支[　]
對方的十二支[　]

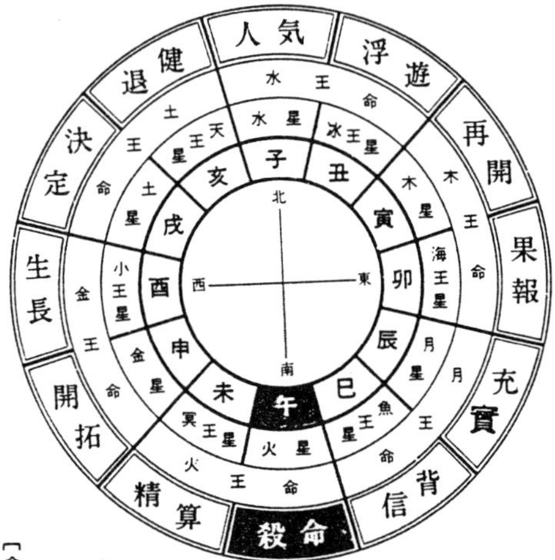

【命運八字】→

殺命	精算	開拓	生長	決定	健退	人氣	浮遊	再開	果報	充實	背信
午	未	申	酉	戌	亥	子	丑	寅	卯	辰	巳

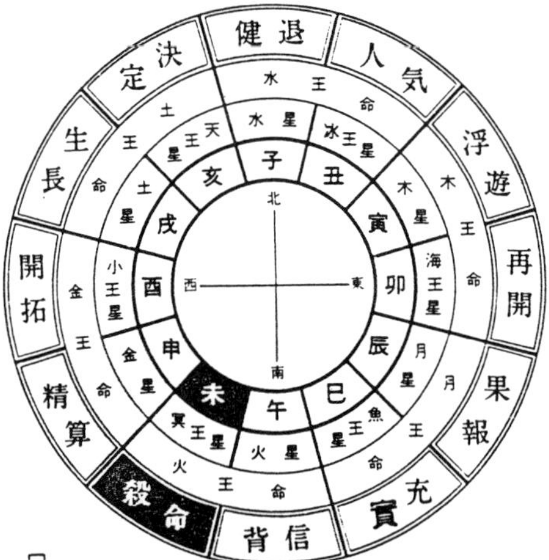

	年　月　日生
支配命	火 王命
支配星	冥王星

你的十二支[　]
對方的十二支[　]

【命運八字】→

殺命	精算	開拓	生長	決定	健退	人氣	浮遊	再開	果報	充實	背信
未	申	酉	戌	亥	子	丑	寅	卯	辰	巳	午

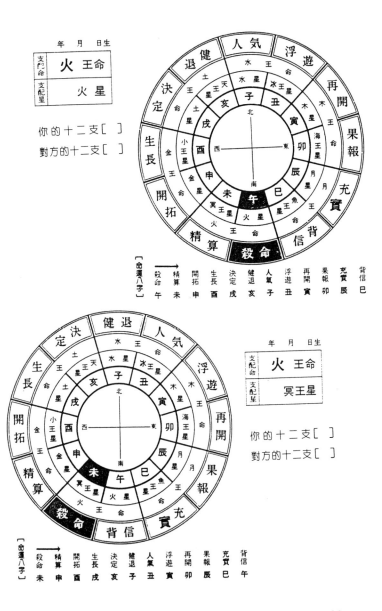

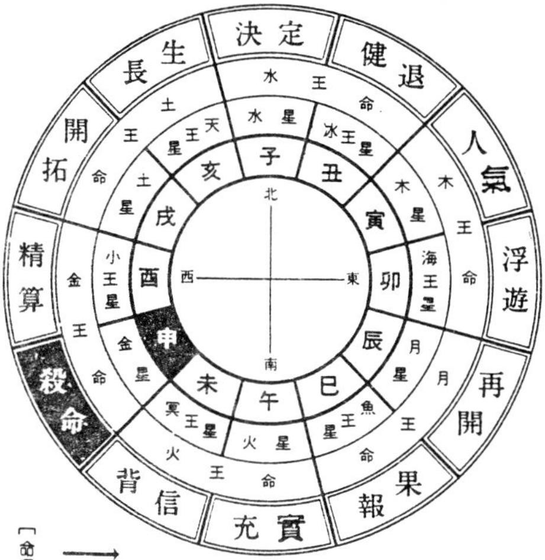

年　月　日生

支配命	金王命
支配星	金星

你的十二支[　]

對方的十二支[　]

【命運八字】→

殺命	精算	開拓	生長	決定	健退	人氣	浮遊	再開	果報	充實	背信
申	酉	戌	亥	子	丑	寅	卯	辰	巳	午	未

年　月　日生

支配命	金王命
支配星	小王星

你的十二支[　]

對方的十二支[　]

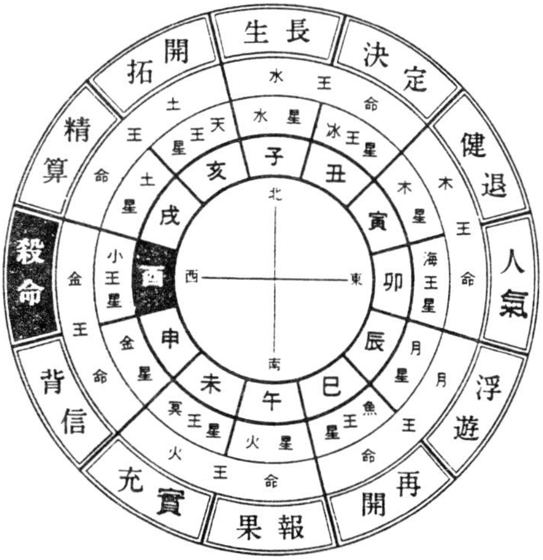

【命運八字】→

殺命	精算	開拓	生長	決定	健退	人氣	浮遊	再開	果報	充實	背信
酉	戌	亥	子	丑	寅	卯	辰	巳	午	未	申

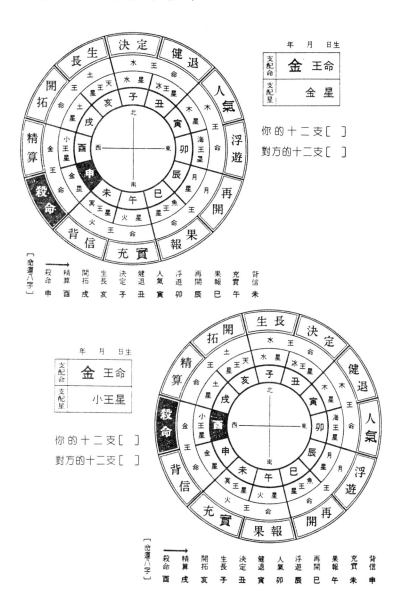

年　月　日生

支配命	土 王命
支配星	土 星

你的十二支[　]

對方的十二支[　]

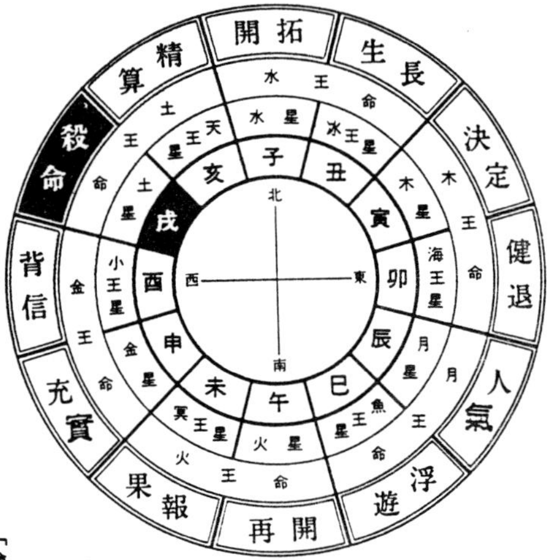

[命運八字] →

殺命	精算	開拓	生長	決定	健退	人氣	浮遊	再開	果報	充實	背信
戌	亥	子	丑	寅	卯	辰	巳	午	未	申	酉

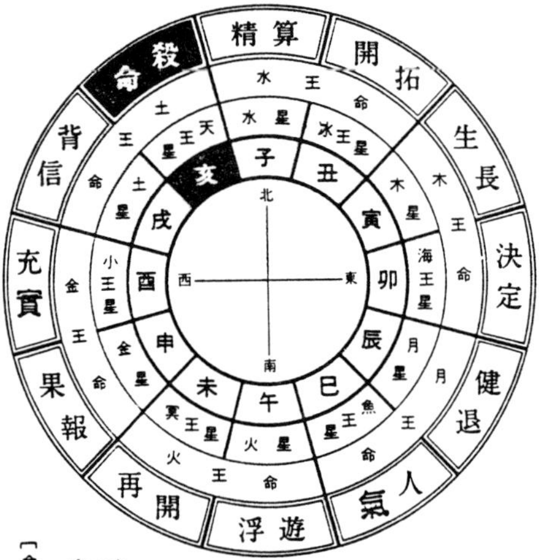

年　月　日生

支配命	土 王命
支配星	天王星

你的十二支[　]

對方的十二支[　]

[命運八字] →

殺命	精算	開拓	生長	決定	健退	人氣	浮遊	再開	果報	充實	背信
亥	子	丑	寅	卯	辰	巳	午	未	申	酉	戌

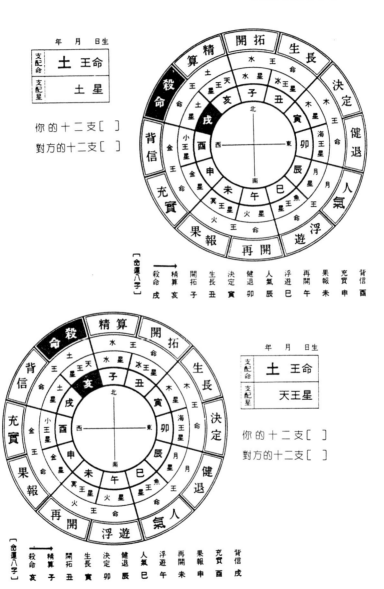

第4章

開運的關鍵在強殺期

——與魔相處之道

強殺期的戀愛運會如此轉變

●強殺期的戀情不會有好結果

八字原本很好，結局卻不好的情侶似乎不少。有的到最後甚至互相憎恨收場。

當然，周圍人的八字——雙方的父母，兄弟也都有關係，即使你和對方的八字很合，若你和他父母的八字不合，也會產生問題。

原本八字很合，若處於命運周期的强殺期，你們的命運也會轉成「凶」。所以若你在對方的「背信」「殺命」「精算」强殺期與他相戀，很可惜你們的戀愛不會長久。

處於强殺期的人，性格、喜好多半會改變，以致無法做冷靜的判斷，行爲也會有異於平常。像平常不會拈花惹草的人會忽然有外遇，平日溫厚的人會變得易怒，工作及人際關係皆不順，就連戀愛的對象也不盡適合你。

强殺期由於是「改變」的狀態，這時的相遇及結婚也會有變數。在强殺期談戀愛最後不會有好的結果，勉强在一起只會留下深刻的傷痕。

在强殺期結婚的情侶，會有離婚的危機，但若等到對方命運周期的「開拓」「生長」

「決定」，你們也許可以渡過這個難關。你們會因小孩而情況稍好轉。這之後若中間又介入阻礙，即使你們不離婚，彼此也會心生不滿。

即使你們如此過了大半輩子，二十四年後也會達到生離、死別。原本就不該相遇的你們，永遠會有災難。强殺期結婚的夫妻也許可平安地渡過銀婚、金婚，但只是有名無實，兩人早已形同陌路。

在「健退」「浮遊」期結婚，因不安定的要素很多，前途是多難的。「再開」期的話會有再婚的可能，故初次結婚的人，最好避開這個時期。此外，縱使在好的時期相遇也千萬不可大意。

强殺期在十二年之三年，一年之三個月，十二天之三天當中就會出現。

最好的八字「人氣的八字」結合的情侶應該遠離强殺期，並保持距離。像單身赴外地工作，留學等，彼此的工作一忙，見面的時間減少，自然可避免災難。

此外，强殺期及浮遊期時，平常不會拈花惹草的人會在此時搞外遇。彼此謹慎地渡過這個時期，你們便會有幸福美滿的生活。

接下來就來談每六個支配命，他們的戀愛傾向及强殺期容易發生的現象。

水王命（水星、冰王星）的強殺期與戀愛運

●沈迷於愛中

你的戀愛會很激烈。你早熟，且比別人早婚，不管什麼阻礙，也不能阻擋你們。即使父母反對，或對方已是有婦之夫，或你們年齡相距甚多等也沒法阻止你。

不過你也不是完全沒有打算的，你是經過冷靜的算計才會做此決定的，像「這個人一定會和他太太（先生）分手」、「先同居父母或許會原諒我們」。

你一旦發現「再怎麼追也沒用」「這段感情該結束了」，你也會斷然地切掉這段緣。

不過，你若是在強殺期陷入情惘中，便無法自拔了。

本來在這時遇到的人是不會有結果的，若你硬要延續這段緣也是没用的。這只會傷害到自己以及對方。

●強殺期嫉妒心及猜疑心都會增強

強殺期你會特別注意對方的言行舉止，懷疑他是不是另外有了喜歡的人……。以前有女、男朋友的人，你們的婚姻生活也會有危機。

強殺期對方的感情的確比較容易出軌，而你的嫉妒心也會加深。像對方晚一點回來你可能就很生氣地責問他。

若你在此時逼對方太緊的話，反而會讓你失去一切。

水王命的人是行動派的，你會想要挽回逝去的愛，不過這是沒用的。若你真的喜歡他，可以靜待到春天「開拓」期。

水王命的人可能會想要與他乾脆分手，不過這時期你遇到的新戀人，你們不會順利進展。

強殺期還有一個傾向，就是過去隱藏的秘密被拆穿，且這時你的人生目標會無法確定。此外，買太多昂貴的東西、債台高築。結婚的人必須照顧家中的老人及小孩，單身的人離不開父母，酒精中毒、水難、燙傷、車禍等災難一一而來。

強殺期要特別注意自己、配偶。

木王命（木星、海王星）的強殺期與戀愛運

●太過謹慎而錯失了戀愛的機會

木王命的人對戀愛是很慎重的。將自己的想法直接表達給對方，對你來講很難，最後

被別人給捷足先登了。戀愛的你絕不是遊戲，一旦戀愛你必會想到結婚。

太專情的人，失戀的創痕也會很深。看起來反應很快，其實有時會太拘泥於某事。若你在強殺期失戀，對你會是很大的傷害。

專情當然好，不過太過專情反而對你無益，也許還會因此錯過結婚的機會。

中年以後可能會出現熱烈的戀情，但要小心，別不聽別人的忠告。

此時要注意被異性欺騙等事件的發生。

●強殺期拘泥於「結婚」、「家庭」的形式會讓你失去愛

你不管是當配偶或是當情侶都是可信賴的。不過偶而表現出自己男子漢帥性的一面，女子溫柔多情的一面，對對方說些溫柔的話語也是重要的。否則得來不易的戀情，很可能因此泡湯。

有些人會突然穿得很時髦或是化上濃妝，不適合你的打扮最好還是不要比較好。

你本來就是很注重結婚的人，所以可能會逼對方趕快結婚，如此一來反而會有反效果。即使對方願意和你結婚，你們也一定不會長久，他對你會有不滿。

一旦結婚就固守家庭的人，很可能結婚後就失去柔性，以致對方對你產生不滿，進而尋找外遇的對象。一旦你們的愛冷卻了，你又拘泥於「結婚」的形式，你今後會過著冷淡

的婚姻生活。

有的人會因此對人生感到厭倦，或無計畫地出去旅行。

結了婚的人，會苦於小孩生病，或是家中老人生病，甚至一些無聊的閒言閒語，問題一一而至。

也有人眼睛、耳朵、心臟、肝、背骨方面出了毛病。

自己或配偶，若有人是齒科醫生，在酒店工作或在公家機關服務，在强殺期要特別注意。

月王命（月星、魚王星）的強殺期與戀愛運

●喜歡的人不喜歡你、不喜歡的人偏又喜歡上你

月王命的人他們的戀愛是被動式的，其實很愛對方，卻不主動表白而要等對方向你表白。當然，喜歡的人向你表達愛意是再好不過的，不過你們很可能一點進展也沒有。

你會想「我會不會成為對方的負擔」，或是「萬一他不喜歡我怎麼辦？」由於這種態度，使對方誤以為你不喜歡他。

在戀愛方面，月王命的人太過純情而膽小，所以絕不會採取主動。

你富有極强的同情心，若對方向你表示好感，你是不會說「不」的。也許對他没什麼意思，最後卻和他結婚。

●強殺期的「同情結婚」日後絕不會幸福

月王命的人會把同情轉爲愛。在你傾聽他故事的同時，可能因爲同情對方，而決定爲對方做一點什麼事。

然而强殺期的同情結婚是不可以的，這時期的你，無法看清對方的本質，或許對方也只是把你當作代用品而已。所以你若與這種人結婚，也只是一齣悲劇而已。

對他而言，自我犧牲的人也會漸漸成爲一種負擔，甚至有種窒息的感覺，最後他會離你而去，而你自己可能最後也會出軌。

强殺期相遇的人，結婚的人，會使你蒙上

很大的災難。

此外，强殺期你忽然氣燄高漲，可能會引起周圍人的反感。執著於愛情你對人變得冷淡，對愛人又相當執著，這些加起來會使你很痛苦。或是你很相信的人竟然背叛你，而使你陷入孤獨之中。

這個時期神經也較敏感，遇到事故的機率也加高。

自己或配偶若有人從事大衆傳播，幼稚園或小學的老師，在强殺期要特別注意。

火王命（火星、冥王星）的強殺期與戀愛運

●雖然你很想戀愛……

妨礙你戀愛的是「自尊」與「冷靜」，你絕不允許自己向對方表白。你總會想「若對方拒絕我的話……」「選那個人，別人也許會笑我……」或「自己說喜歡他，即使以後結了婚，一輩子也抬不起頭來……」等。

火王命的人還會冷靜觀察對方是否完美、理想的對象。

「再高三公分就好」「薪水再多六千就好了」「再漂亮一點就好了」，你會計較這些小地方，而錯失戀愛，結婚的機會。

認爲「工作比戀愛重要」「自由的生活比結婚重要」的女王星，並不是不想談戀愛，而是對戀愛的憧憬過强。所以你會幻想白馬王子式的愛情，因而忽略了身邊的人，等到那個人離你而去後，才後悔萬分。

●只是重複沒有結果的愛

你一旦找到自己心目中理想的對象，便會完全放開。你本來就憧憬著一段刺激的戀情，一定有了這樣的人，你會不管他是否已婚，是否年齡相差甚多，是否不同國籍，不同宗教一頭便栽下去。

强殺期時這種傾向特別地强，其實在此時你應該更冷靜地思考才好。否則你會重複沒有結果的愛，終究無法掌握真正的愛。

此外，此時也會容易挑對方的毛病。不承認自己的錯誤及缺點，而只是一時地責罵對方。若走到這種地步，你們的愛情也差不多要完了。

火王命的人在强殺期最煩惱的會是小孩子，他們忽然變得反叛，想要離開家庭。此外，配偶單身至外地工作，或是有了外遇等，都會使家庭蒙上陰影。

火王星的人具靈性，可看見幽靈等一般人看不見的。他們花錢很凶，生活也很奢侈。自己或配偶當中，若有人從事電信、電話、飛機等相關的工作，進入强殺期要特別地注意。

金王命（金星、小王星）的強殺期與戀愛運

●具各種戀愛經驗

金王命的人很受歡迎，即使你不採取主動，別人也會主動找上你。你對戀愛抱持輕鬆的看法，你不會對一個人很專情，更不會去愛得死去活來，你只想享受戀愛的過程及它爲你帶來的滿足感。

金王命屬花心派，你不想被人束縛，更不想去束縛別人，即使結了婚也不會固守著家庭。有了對象或是結婚，你的戀情照樣不斷。

不過，一旦進入強殺期，你的戀愛運就沒有那麼好了。你不再那麼受歡迎。不過你也不用急，等到下一個「開拓」來臨，你的新戀情也會跟著來了。

●強殺期應停止玩玩式的愛情

你的愛情觀及複雜的異性關係，會在此時爲你帶來麻煩，強殺期之前可以只是小火災，强殺期可能會演變成大火災。

你或許只是玩玩的心情，對方卻把你當真。所以到了強殺期，你一定要趕快停止這種玩火的行爲，以免惹禍上身。對愛情抱持自由感覺的金王命人，會突然想安定下來，或因爲經濟關係和沒有愛的人結婚。

即使你結了婚，也不會是很顧家的男人。男性不喜歡待在家裡，女性則對丈夫的外遇相當容忍。你自信對方絶不會離開你，但若是強殺期，對方對你的不滿在無法負荷時，有一天他還是離你而去。

此時你的人際關係不好，朋友也會相繼離你而去。金錢方面信用卡簽太多，次月要付的錢過多。新的事業也無法上軌道。

自己或配偶當中若有人從事百貨業、花店的工作，在強殺期要特別注意。

土王命（土星、天王星）的強殺期與戀愛運

●乖乖牌才是你的幸福之路

從以前這種星的女性就一直維持良好的形象，守身如玉一直到結婚。男性則是相親對方的父母親很喜歡你，很想要你做他們的女婿。對土王命的人來說，這才是你們的幸福之道。即使你想有一段轟轟烈烈的愛情，自視甚高的土王命，大概還不擅於表白，總是採取

被動方式，没什麼行動力。

結了婚會和另一半及他的父母處得很好，因爲土王命的人是較重古禮的。你的理想頗高，即使有結婚的機會，最後也是會把心放在工作上。到了强殺期，這點會更加明顯，而給人高傲不可攀的感覺。

●強殺期不宜太過高傲

土王命的人相當謹慎，尤其在戀愛方面，因此也會要求對方也要一樣的誠實，絶不允許對方出軌。若發現對方變心了，由於你很執著，你不會就這樣與他分手，你一定會盡全力挽回對方。

這時期的你猜疑心變重，由於你的自尊心很强，一定會不斷盤問對方一些小事，最後對方因爲受不了你，終於離開你。

强殺期的你生活秩序混亂，喪失信用，爲了和家人反對的人交往而不惜離開家裡。這些行爲舉動會使你的風評下滑，甚至戀愛的醜聞也在此時被發現。

人際關係不好過於煩惱的你，可能因此而傷身。此時易被捲入交通事故，飛機、列車事故中。此外，易得到癌症之類的疾病，這時期不妨到醫院做做檢查。

自己或配偶當中若有人從事金屬，機械關係的工作，强殺期要特別注意。

奪走愛的「強殺」方位

●突然的悲慘結局是因方位嗎？

你是否有過這樣的經驗？和你的男（女）朋友一切都進展得很順利，卻突然發生悲慘的結局。這是否是你在稍早有去旅行、出差、或是搬家。失戀、離婚之前，多半是因對方移動到自己的强殺位置。

强殺也有方位的，請再看從一二九頁開始的「命運八字圖」。圖的中心表示方位，比方水星的强殺方位是「背信」的亥（北北西）、「殺命」的子（北）、「精算」的丑（北北東）。

在强殺的方位時會遇到令人不快的時候，比方去旅行回來過後發現愛人變心了。另外，當對方來到你强殺位置時，很可能對方會有新歡出現。

强殺的方位是個死角，對你是很不利的地帶，若你來到自己强殺的位置，對方很可能會離你而去。若你想挽回對方，則必須兩人都到吉方位才行（參考一六九頁）。

方位會影響人的心及人的命運，運用得當可使離去的戀人回心轉意，運用不當會讓情海生變，甚至破壞對方的家庭，自己也受了很大的傷害。

從你的方位看過去，位於强殺方位的人很難與你有結果，若你是在對方的强殺方位，對方很容易離你而去。若你真的很喜歡對方，可搬到較吉的方位去。

若你們常去彼此的家，感覺上好像住在一起，那麼大門就沒有對著對方的强殺位置了，此時從家中便可看到大門的方位。若自己家的大門是在自己的强殺位置，心裡會上下不安。

命運周期，八字明明都沒問題，就是遲遲無法結婚，或是爲了照顧自己的父母而必須終身單身的人，多半問題是出在自家大門的方位上。

有些人偏偏會在强殺期、中殺期或是弱殺期遇到合適的對象，這時除等待轉入好的命運周期外，還應立刻搬家。

若對方住在大門是强殺方位的房子，你們的婚姻必會受阻，家庭運也不好。工作運不好、性格也與本來的性格有很大的差距。所以你一定要先檢查將來要與你結婚的人，他家大門的方位。

強殺期真正的含意及對應策

●該是充電向前衝刺的時刻了

前面曾說過十二年的命運周期當中，六星命運占卜學把「背信」「殺命」「精算」這三年稱爲「强殺期」，也就是魔的時期。這個時期不管做任何的事都不會順利，原本前人是把十二支繞完一圈當中的二年歸類到這個時期。

由於二年這個算方有很多地方矛盾，五〇年前我的老師御射山宇彥把人的命運配合四季，冬天的三年便歸入了魔的時期。我根據老師教我的命運周期，把它當作六星命運占卜學的基盤。

六星命運占卜學不只把魔的時期由二年變爲三年，還說明了這個時期的對應方法及生活方式。以往的命運學多是告訴你這時期諸事不順，最好什麼事都不要做。請求神明助你去凶，是消極的作法，以前也只有這個方法。

但身爲現代人的我們，不可能什麼都不做地渡過這三年。六星命運占卜學告訴你這期間該注意的事項及開運的方法。

强殺期在四季之中是冬天，一日之中是夜晚，這正是人類命運的睡眠時間。「睡眠」

並不是單純地身體休息而已，即使在睡眠中腦子仍在正常的運作，精神也很清醒。人在睡前反而會有好的點子，在夢中反而有所啓示，我受到了這個指引，才想起了在强殺期應該如何渡過。

一旦進入强殺期，首先必須改變自己的生活方式。你可儘量把工作交待給別人，自己放輕鬆些。强殺期時還和以前一樣地工作，就好像不睡覺徹夜工作一樣。這樣工作也許做完了，可是卻會有很多的缺點。强殺期時好好的充電，等到「開拓」期你再開始活動，運勢也會大大上升。

强殺期中可嘗試與以往不同的事，像從事貿易的人寫寫小說，家庭主婦投入社團活動等，體驗一下不同世界的事物，這就好像在夢人盡情遊玩一樣。

若你拒絕回到現實當中，結果是很悲慘的。這就好像冬天滑雪，滑得很愉快，春天一到雪没了，你也没法繼續滑雪了。

●強殺期的「強殺八字」會為你帶來好運

强殺期會與好朋友疏遠，喜歡的食物及顏色也忽然變得討厭，興趣及嗜好會有所改變。這時你可以多和以前交情不是很深的人多交往，或是穿些你以前認爲不適合你膚色的衣服。

的。

此時與强殺八字的人交往，及使用强殺八字的十二支要素的顏色及食物是非常重要

强殺期的八字會與平常相反，所以「人氣」「充實」這二個好的八字，一進入强殺期，反而會有不好的作用，必須遠離。參考一五六頁的十二支表之方位、顏色、寶石，並使用强殺十二支的東西。另外，一七〇頁開始「招來幸運，招來不幸」的物品參考表，在强殺期反而要用「招來不幸」的東西。

大多數的人睡覺時會穿睡衣，因爲這樣比較舒服。强殺期爲了好好休息，可善用睡衣及防寒的大衣，暖爐、滑雪鞋等。當然，一進入春天周期的「開拓期」，這些就不需要了。

所以，在强殺期當中也必須做各項準備，而不是要你消極的渡過。

强殺期就好像生命要結束，新生命要開始前的時期，有了强殺期，命運才不會停滯，而會不斷地向前推進。不要害怕强殺期，運用得當，這或許是改變你的一個好機會。

強殺八字真正的含意與對應策

●與強殺八字人的相處之道

你可再看看第三章命運八字圖介紹的，哪一個十二支是哪一種八字。比方水星人的「開拓」八字是寅、「生長」八字是「卯」。其中「背信」八字的「亥」，「殺命」八字的「子」、「精算」八字的「丑」是屬强殺的八字。

看命運八字圖可得知本來水星是在「子」的位置，冰王星是在「丑」的位置。木星是在「寅」的位置，海王星是在「卯」的位置。在命運八字圖支配星腳下的十二支，就是那個星的殺命八字。包括前後的「背信」「精算」，就是你支配星的强殺八字。

要處理包含於强殺八字十二支的要素是很難的。以水星爲例，「亥」的意思是指機車等的買賣。「子」是與水有關的職業，或齒科、婦産科。「丑」是圖書館或博物館的工作。這些若不順利的話，家庭也會受到影響。

此外，顏色的話「亥」是灰色、「子」是黑色、藍色「丑」是黑白搭配，這些顏色不適合你（參考一五六頁的十二支表，第五章「招來幸運，招來不幸之物」的表）。如第三章說的，會與「亥年出生」「子年出生」「丑年出生」的人一樣，會使你們期待落空。

強殺八字的人的確是不好的八字，他們會給別人帶來麻煩，不過你的父母、孩子、配偶是強殺八字的人，你當然無法不跟他們往來。以下我就來公開一段秘術。

首先，對「背信」八字的人，一開始就不要抱太大的期待。若對方是你男朋友（女朋友）你就不要希望「再多愛我一些」。不過你可讓對方覺得他可能隨時會失去你。比方你們不生小孩，或是妻子到外面去工作。

「殺命八字」是一個死角，所以你根本無法看清對方真正的面貌，了解這一點你就不會對對方期待過多，你們的愛情才會順利。

「殺命」的運勢停止，所以即使從「殺命」八字的人獲得什麼，終究還是會失去。你該想想自己能給對方什麼，而不是想從對方得到愛或是金錢。

所謂「精算」的八字就好像在收費站必須付費，你必須不吝於把這些錢付掉。像是搬家，並捨去以前的生活。協力適應新的生活，你們的心便不會分散。

身體不好花錢做健康檢查，讓子孩受高等教育，照顧生病的父母，花錢愈多會使你們的心更緊密。最好是在經濟及周圍有變化的狀況下，你們比較沒事。若凡事都很安定，會好像積滿的水沒有流動一樣，事故及病痛也跟著來。

●渡過強殺期不可欠缺的人

決定與强殺八字的人，勢必有很大的勇氣，了解强殺八字的真義後，我們可知：其實這個世界上並沒有大凶的八字。這才是學習命運學的真正目的，也是本書思考的基準。

四季及時間，在這個自然界的大洪流裡有十二支在交替。「亥」是「背信」、「子」是「殺命」、「丑」是「精算」，這三個是强殺。此外，「寅」是「開拓」、「卯」是「生長」、「辰」是「決定」、「巳」是「健退」、「午」是「人氣」、「未」是「浮遊」、「申」是「再開」、「酉」是「果報」、「戌」是「充實」。

位於自然界「背信」位置的「亥」，代表的是初冬或夜晚。在這裡停留太久的話，雪就下來了，天也很暗了，而這十二支又急於要收穫，所以沒時間好好玩味好的東西，「背信」之後也因此而來。

位於自然界「殺命」位置的「子」，代表的是嚴冬或是子夜。是萬籟俱寂的時刻。有在活動的也只剩下地下室的老鼠，自然界看起來一片死寂，其實種子睡在地下，等待著春天的來臨。

位於自然界「精算」位置的「丑」，代表的是越過寒冬準備天明之時。萬物開始動，雪也開始融化。種子長大正準備發芽。在真正的春天未來臨之前發出芽，莖及葉子會受傷，所以還不可在現在就發芽。這個自然界的試煉期便是强殺期。切記沒有冬天就沒有春天，沒有夜晚就沒有白天。

强殺八是位於自己腳下的十二支，所以有人會教你，看你被隱藏的真實狀況。他們就是像樹木落葉後變成光禿禿一棵一樣，你需要他們的幫助。在强殺的年、月、日、積極接近强殺八字的人，運用十二支的要素（左表），可使命運轉强，並爲你帶來好運。

十二支表

十二支	方位	色	寶石
子	北	黑、藍色	藍寶石
丑	北北東	白色、黑色	土耳其石、縞瑪瑙
寅	東北東	苔綠色	貓眼石
卯	東	綠色、淡粉色	綠寶石、翡翠
辰	東南東	銀色、天空色、金銀色	珍珠、珊瑚
巳	南南東	黄色、橘色、淡紫色	貓眼石
午	南	紅色	石榴石
未	南南西	深粉色、米色	紅寶石
申	西南西	咖啡色	瑪瑙
酉	西	金色、楓葉色、紅色	黄玉、黄金
戌	西北西	紫色、藍色、巧克力色、酒紅色	鑽石、白金
亥	北北西	灰色	紫晶

* 上表是以十二支表示方位、顔色、寶石的要素。

第5章

命運加強法使你掌握幸福

——活用秘傳「五運術」「十二支推秘術」的方法

加強運勢的秘傳「五運術」

●有人會在不知不覺中運勢減弱

這世界有運勢强的人也有運勢弱的人。大家會說：「没辦法嘛！誰叫我運勢弱！」「他運勢比較强，所以……」。其實，運勢絶非偶然，運勢的强弱與命運的法則是息息相關的。

運勢强的人會不知不覺選擇八字好的人，且行動及決斷力也較强。相反地，運勢弱的人在不知不覺中因冒犯了命運的法則，所以也容易選到八字壞的人。

運勢强的人，若遇到强殺八字的人運勢也會減弱，最後變成弱運體質。

一旦變成弱運體質，便無法靠自己本身的努力掌握幸福。你期望成功的事業，幸福的婚姻，這些都無法一一實現，因你已轉變成强殺八字，你和他的交往只是在「强殺期」「健退期」「浮遊期」。

要確保幸福的人生，就必須要有强的運勢。再怎麼正確地預測出命運，若没有强而有力的開運法，你的願望也無法達成。

六星命運占卜學爲加强運勢，活用「六命活用秘義」及「十二支用秘義」。首先需把爲自己帶來好運的十二支要素穿戴在身上。

這是很有效的秘術，若想在强殺期開運，或是因長久和强八字的人相處相開運的話，「五運術」必可使你變成强運體質。

●五運方位助你開運

「五運術」中的「五運方位」是利用自然界方位的力量開運之開運術。如「時空」這個字詞一樣，這個世界有時間也有空間，人的命運便由命運周期的時間與命運八字所形成。當這個命運八字遇到「方位」這個「空間」時，便會產生很大的影響力。

大家都知道方位是有吉凶的，吉凶具有很大的威力，所以我們要公開方位的秘術。「根據命運八字圖上的位置，到吉方位去旅行二、三天左右」，這就是開運及使命運好轉的秘訣。

爲什麼方位對命運的影響這麼大呢？因爲時間與空間的力量加上人類本身的力量會對命運產生作用。

首先，從A點移動到B點會產生一條線（二次元）。若穿上或戴上八字好的衣服（顏色）或寶石，便只有點（一次元）。旅行則是代表人本身「心」的作用，命由心生的理由也在此。若命運的移動與人心一致時，命運就會轉到吉方位。

移動之後住二天，命運也會在睡眠中改變。所以睡覺時切記不要戴八字好的寶石。寶石及顏色可使弱運體質的人慢慢變成強運體質。接下來我們就來談談「五運術」。

●讓你達成願望的五個方位

五運是指「開拓」「決定」「人氣」「再開」「充實」。根據命運八字圖，這五個命運八字的十二支方位是使你命運好轉的關鍵。

現在請看你的命運八字圖。比方支配星是水星的人，「殺命」的方位是「子」北，「開拓」的方位是「寅」東北東、「決定」的方法是「辰」東南東、「人氣」的方位是「午」南、「再開」的方位是「申」西南西、「充實」的方位是「戌」西北西。若你正愁於工作及戀愛，可使用「人氣」或「充實」的方位。若是水星的人，可從自家到南方或西北西位置的地方去旅行住二、三天（十二支的方位可參考一五六頁的表），時間及距離愈長效果也愈好。

若你有感情不錯的對象，二人若要旅行，也要看看對方的命運八字及方位。比方你也許是「人氣」「充實」方位，但對方有可能是「背信」「殺命」「精算」。你可參考命運八字圖及一六九頁的表，以避開這個方位，選擇對二人都好的方位。

「決定」的方位可確定至今尚無進展的戀情。不過若對方出生年的十二支（命運八字），對你是「背信」「殺命」「精算」「健退」「浮遊」的話，即使你想與他分手也分不掉，與八字不好的人，這五運的方位是沒效的。

在「開拓」方位會有新運。可讓你切掉你已不想再續的緣，讓你重生新緣。尤其在强殺期的最後一年「精算」期，使用效果最好。想和對方分手卻分不掉時，可到對方的强殺位置，這樣一定分得掉。不過要先確認自己不是在强殺位置上。

●「殺命」與「人氣」使用錯誤會為你帶來噩運

「殺命」方位的使用方法是相當微妙的。包含殺命的三個强殺方位，從「開拓期」到「充實期」的命運周期，是絕不能去的。命運健全的人會有一股力量阻止你往那裡去，但一進入强殺期，那股力量便會消失。所以平常您想去不能去的地方，在强殺期卻可以去。

不過沒有必要勉强使用。比方對方的「人氣」「充實」方位對你而言是「殺命」，以前你都避免去那個方向。强殺期的話，可一起去那個方向旅行。

强殺期特別要注意的是「人氣」方位。本來可以開運的「人氣」方位，在强殺期用的話反而會帶來災禍。

同樣會帶來災禍的是在命運周期的「人氣」期使用「殺命」方位。彷如有效的藥，因用法錯誤反而會成毒藥，五運術若使用錯誤也會帶來大災難。

五運術把「健退」「浮遊」「精算」這三個平時不好的方位用來當作開運用，要恢復病人的健康可用「健退」方位，要解決麻煩問題可用「精算」方位。「浮遊」方位則可減輕强殺八字對命運的影響。以上這些用法都是相當困難的，使用時務必請專家指導。

「家相五運術」——家裡面也有方位

●改變大門的位置可加强運勢

搬了家之後，「以前不曾來你家的人也會陸陸續續地來，常來家裡的人忽然不來了……」這個原因就出在方位。五運術說的方位也包括了家裡的方位，家相術當中最重要的是玄關的位置。

我們每天都要經過玄關，玄關的位置也會影響我們的命運。若玄關是在殺命的位置，我們的運勢也跟著不好，像生病、失業，遇到事故，談戀愛也不順利。

已婚的人更要注意大門的位置。你自己即使是在好的方位，若對方是「殺命」，你們可能會演變成分居，或是他經常不回家。戀愛中的人，若對方的玄關是在「殺命」位置，你們一定會很不順利。位於「人氣」「充實」方位的玄關是最好的。

命運周期「强殺期」時，不可用「人氣」方位的玄關，決定去旅行的方向，決定玄關的方向，都可參考五運術的方位。家相就好像旅行，不會移動很大的空間，可是命運會在每個晚上來臨，發生磁力，對時間也會產生很大的影響。

想要改變命運，想要實現願望的話，可以搬家到玄關方位好的房子，這就和到方位好的地方去旅行一樣。覺得自己經常生病，沒有對象結婚，工作、家庭問題不斷的人，可以使用五運術的秘傳，使自己轉變成强運體質。

探索八字之奥——「十二支推秘術」

●解救「强殺」八字的秘傳

六星命運占卜學及命運學中，都特別重視「陰陽學」與「十二支」，它可像五運勢般使運勢加强，也可使運勢好轉。「十二支推秘術」則是由出生年的十二支、月十二支、日十二支的組合，再度檢討人的命運。當支配星惡面過强的時候，它也可使命運好轉。

不過，這非常地複雜，必須借助專家的力量，所以這裡我們主要談的還是八字。

若對方的十二支是强殺八字，而你們又結了婚或你真的很愛他時，該怎麼辦呢？這十二支秘傳除了告訴你該怎麼做之外，且可讓你知道與八字强殺的人要如何相處？

●命運八字很好，若沖到的該也不樂觀

有人從自己的支配星看對方的命運八字很好，對方看你也很好，可是就是不順利。若你有以上的煩惱，不妨看看命運八字圖。也許是自己的支配星與對方的支配星互沖。若對沖的話，本來的命運八字，命運周期也就不一樣了。

所謂的「沖」是比方你是水星，而對方是火星。且自己出生年的十二支與對方出生的十二支若對到的話，便是「沖」。比方你是子年出生的，而對方剛好是正對面午年出生的。此外，二人同時是十二支出生的情況雖不是對沖，能源卻是相碰的。若自己出生年的十二支是「殺命」的「沖王命」，與自己同十二支年出生的對方，也屬於「殺命」的八字，可是你們卻可順利發生。

●命運八字雖不好，十二支卻不錯

由自己的支配星來看，對方的八字不好，或是由對方的支配星來看，你的八字不好，而你們卻進展得很順利。比方木星的話，「丑」是「背信」，絕不是好的八字。自己是子年生而對方是丑年生時，「子」與「丑」在陰陽十二支的關係很深，子下來就是丑，所以你們的關係也會很好，不管是夫妻、父子、情侶、朋友、或是工作上的夥伴。你們好像磁

鐵一樣，會一輩子在一起。

不過，二人的關係若在强殺期間轉深，也不見得一定好，從春周期到夏周期，你們的關係可能會疏遠。

接下來請看一二九頁你自己的命運八字圖。如前面所說，自己出生年的十二支與對面的十二支不合，比方「子」年出生的人，正對面是「午」，與稍左邊「未」年出生的人則八字可較爲緩和。你若是「卯」年出生的，正對面「酉」的右邊就是「申」。

看左邊還是看右邊與方才的「陰陽十二支」組合有關（子與丑、寅與卯、辰與巳、午與未、申與酉、戌與亥）。對面是「丑」的話，八字好的不是「寅」，而是「子」。對面是「辰」的話，八字好的不是「辰」，而是「巳」。

●八字的基本是「命運八字」

以下就來整理一下「十二支推秘術」的八字。

1. **陰的作用（八字不好十二支的組合）**

①自己出生年的十二支與對方出生年的十二支相同。

②自己出生年的十二支沖到對方出生年的十二支（正對面）（子—午、丑—未、寅—申、卯—酉、辰—戌、巳—亥）。

2. 陽的作用（八字好十二支的組合）

①自己出生年的十二支與對方出生年的十二支陰陽相符（子－丑、寅－卯、辰－巳、午－未、申－酉、戌－亥）

②與自己出生年的十二支沖到的十二支（1.之②）與對方出生年的十二支陰陽相符。（子－未、丑－午、寅－酉、卯－申、辰－亥、巳－戌）。

有人會發現自己的星好不容易和對方的八字符合，看十二支卻變爲不合……。這裡有一點要補充，對你們彼此的命運八字都很好，如十二支的組合不好也不用擔心。

此時，二人的能源容易相碰，只要其中一個被動一點，二人的八字就會好轉。八字的基本是自己出生年的十二支，或是對方出生年的十二支，與各個支配星是否合得來，這是決定幸、不幸的關鍵。

十二支推秘術希望是用在已婚或是家庭中的人，除非不得已，否則最好不要用。

尤其强殺八字的威力是很嚇人的，必須覺悟你可能會犧牲性別的幸福，若不是真的非那個人不可，你最好還是選八字好的，這樣也比較自然。

渡過強殺的秘傳「死期封法」

●陰的能源需要陰的要素

六星命運占卜學還有一個很重要的地方，那就是知道自己的强殺期，進而跨越它，並使命運好轉願望達成。

最後我們再來談談六星命運占卜法的秘傳「死期封法秘義」中的「死期封法」。

命運周期的强殺期，也就是「背信」「殺命」「精算」的部分是陰的能源，其他的部分則是陽的能源。正確說的話，這個陽能源的部分有陰與陽，請先了解萬物都有陰陽。

簡單地說，陰能源强殺期的三年當中，有陰的要素及採取陰的行動八字便會好。所謂「陰的要素」是指你支配星强殺之物。第四章中我們也說明過，以水星的人爲例，顏色是「殺命」十二支「子」的黑色與藍色，「背信」亥的灰色、「精算」丑的白色。方位則是北、北北西、北北東。與人的八字是子年生、亥年生及丑年生。進入陰時間能源期時，有了這些要素便可緩和强殺的威力。

此外，忍耐、自我磨練、專心研究學問也是陰的要素，此時可爲將來學習各種事物。在此時學的可在春周期以後發揮很大的力量。

這時期可以先把自己放一邊，爲你周圍及社會做一些事。好好使用陰能源，不僅可在强殺期保身，進入陽能源後也會有好的影響。

把自己所有的分散出去將來可開花結果。像回去看看好久沒見面的父母，家族中若有老人更要好好照顧，這樣你的命運也會跟著好轉。

工作上可專心做陰能源的宣傳，營業。可是若牽扯到業績又會轉成陽能源的行動，而使强殺的陰能源對你不利。

陰能源的强殺期，你喜歡的人不會出現，在一進入陽能源的「開拓期」，離別又會來訪。八字好又相愛的人在强殺期相遇的話會特別麻煩，我們這些專家也爲此傷透了腦筋。同樣的交往，强殺期的親密度及八字會影響開運法。在陰能源時期易與强殺八字的人結緣，這實在令我傷透了腦筋。强殺期相遇，不管現在如何，若你們繼續交往下去運勢一定會下滑。這不只會影響你們自己，還會爲家庭及公司帶來災難。

我們指導前來詢問的人，和他們也談了很多，可是他們因沒有把算命當作是學問，所以這些奧義、秘術，他們也無法真正派上用場。男女相遇大家都不管是陰周期或陽周期，但其實在陰時間相遇的話，你們其中一方會是單戀。

有人從强殺期就開始交往，最後結了婚，也有人交往了很多年之後，才進入强殺期。我們當然是不鼓勵這種的，但若你即使甘冒不幸也要和對方在一起的話，至少你也該看看這些本書所爲你介紹的方法。

　受到了强殺的影響，若你不渡過强殺期，你的命運也不會開。命運有時是很殘酷的，在我們悲喜交錯的人生中，如何才不會有後悔呢?您不妨好好地閱畢本書並活用它，希望它對你有所幫助!

十二支相性表

對方＼你	水星	冰王星	木星	海王星	月星	魚王星	火星	冥王星	金星	小王星	土星	天王星
水星	午戌	戌辰	午辰	午酉	戌寅午	寅卯酉	辰戌	酉戌辰	寅午戌	午卯	寅辰	卯酉
冰王星	戌辰	未亥	亥巳	未巳	未戌	亥卯未	卯辰戌	巳亥	戌亥巳	卯未亥	未辰	卯巳
木星	午辰	亥巳	申子	子午	申午	申亥	子辰申	辰巳亥	午子	亥子午	辰申子	申巳
海王星	酉午	未巳	子午	酉丑	丑未	酉未	酉子	丑巳酉	巳午子	未丑	子丑未	巳酉丑
月星	戌寅午	戌未	申午	丑未	戌寅	寅申	戌申	戌丑	寅午戌	午未丑	申寅	丑寅申
魚王星	卯酉	亥卯未	亥申	酉未	寅申	亥卯	卯酉	亥酉	亥寅	卯未亥	未申寅	酉卯
火星	辰戌	辰戌	子辰申	子酉	戌申	卯酉	子辰	辰戌	子戌	子卯	辰申子	申酉卯
冥王星	酉戌辰	巳亥	巳亥	丑巳酉	丑戌	亥酉	辰戌	丑巳	巳亥	丑亥	丑辰	巳酉丑
金星	寅午戌	戌亥巳	午子	午子	寅午戌	寅亥	子戌	巳亥	寅午	午子	寅子	寅巳
小王星	午卯	卯未亥	亥子午	未丑	未丑	卯未亥	卯子	丑亥	午子	卯未	未丑	卯丑
土星	寅辰	未辰	辰申子	子丑未	申寅	申寅	辰申子	辰丑	寅子	未丑	辰申	申寅
天王星	卯酉	卯巳	申巳	巳酉丑	丑寅申	酉卯	酉卯	巳酉丑	巳寅	卯丑	申寅	巳酉

＊與你或對方八字都很合的十二支。配合一五六頁的表，在找你們二人的吉方位時可當作參考。

★水星人的吉祥物、不祥物

	招來幸運的東西	招來不幸的東西
顏　色	紅色、鮮紅	藍色、黑色
寶　石 貴金屬	石榴石	藍寶石
花	康乃馨、杜鵑花、美人蕉、向日葵、玫瑰、唐菖蒲	紫丁香、山茶花
工　作 工作範圍	模特兒、演員、服務業、觀光、銷售、百貨業、證券、銀行、商社、貿易、寶石、飾品、美容院、中華料理店	公務員、學者、婦產科、當舖、染色、偵探、管理員、補習班、自來水公司、下水工程、海底調查、酒、水、清潔

★冰王星人的吉祥物、不祥物

	招來幸運的東西	招來不幸的東西
顏　色	米色、粉紅色	白、白與黑的搭配色
寶　石 貴金屬	紅寶石	土耳其石
花	乾燥花、合歡木、鳳尾松、牽牛花、旋花、仙人掌	黑百合、盆栽
工　作 工作範圍	護士、人事、管理職、幫傭、人材銀行、仲介業、服飾、租賃、股票、麵包店、蛋糕、咖啡、娃娃、窗簾、溫泉、綿。	實業家、印刷業、公務員、學者、導遊、博物館、圖書館、老人院、寺院、精肉、冷凍、皮革、水壩工程

★木星人的吉祥物、不祥物

	招來幸運的東西	招來不幸的東西
顏　色	咖啡色、細條紋	苔綠色
寶　石 貴金屬	纏絲瑪瑙	貓眼石、雞血石
花	百日紅	梅花、紫羅蘭、鬱金香
工　作 工作範圍	演員、導演、歌仔戲、司儀主持人、整形外科、動物園、畫家、運輸、焊接、機械、鋼鐵、廢物回收、職業模特兒工會	處理車子的工作托兒所幼稚園、體育、外科、運輸、開發、開墾、獨立、社會科、理科。

★海王星人的吉祥物、不祥物

	招來幸運的東西	招來不幸的東西
顏　色	金色、楓葉色、錦色	櫻桃色、綠色、淡綠、黃綠
寶　石 貴金屬	黃玉、黃金	綠寶石、翡翠
花	胡枝子	百合、桃花、牽牛花、鬱金香
工　作 工作範圍	編輯、記者、歌手、樂器、照片、刺繡、剝製、小鳥、時鐘、經濟部、冰	情報產業、家具店、文具店、木材、植物、造園、新聞、餐廳、食品、雜貨、高爾夫場、郵票

★月星人的吉祥物、不祥物

	招來幸運的東西	招來不幸的東西
顏　色	酒紅色、巧克力色	櫻桃色、天空色、錦色、銀色
寶　石 貴金屬	鑽石、白金	藍晶、珍珠、珊瑚、鋯石、月石、銀
花	菊花	鈴蘭、櫻花、菖蒲、風信子、高山植物
工　作 工作範圍	教師、秘書、護士、醫生、牧師、警官、空中小姐、攝影師、旅館、保險、汽車、政治家、老闆、陶器、化工業	理工系、電子、電氣、瓦斯、通信、天文學、知事、設計、建設、船舶、精神科、高級服飾店、雨傘、領帶、皮包、手提包、釣魚

★魚王星人的吉祥物、不祥物

	招來幸運的東西	招來不幸的東西
顏　色	藍色、紫色、灰色	黃色、淡紫色、橘色
寶　石 貴金屬	紫晶、石浮雕貝殼	貓眼石、電氣石
花	月見草、山茶花	蒲公英、百合、八仙花、無言花、牡丹、木瓜花、藤花
工　作 工作範圍	政治家、幹事、市長、名譽會員、諮詢、會長、醫院、學校、汽車、機車、腳踏車、輪胎、像機、玻璃加工、眼鏡、橡膠	公務員、神經科、哲學、心理學、宗教、船舶、電車、道路、畫畫、裸體、內衣、壽司、魚貝類。

★火星人的吉祥物、不祥物

	招來幸運的東西	招來不幸的東西
顏　色	水色、黑色	紅色、鮮紅
寶　石 貴金屬	藍寶石	石榴石
花	紫丁香、山茶花	康乃馨、杜鵑花、美人蕉、白日葵、玫瑰、唐菖蒲
工　作 工作範圍	公務員、學者、婦產科、當舖、染色、偵探、管理員、補習班、自來水公司、下水工程、海底調查、水、酒精、清潔員	模特兒、演員、服務業、觀光、行銷、百貨業、證券、銀行、商社、貿易、寶石、飾品、美容院、中華料理店

★冥王星人的吉祥物、不祥物

	招來幸運的東西	招來不幸的東西
顏　色	白與白或白與黑的組合	米色、粉紅色
寶　石 貴金屬	土耳其石	紅寶石
花	黑百合、水芭蕉、盆栽	乾燥花、合歡木、鳳尾松、牽牛花、旋花、仙人掌
工　作 工作範圍	實業家、印刷業、公務員、學者、導遊、博物館、圖書館、老人院、寺院、精肉、冷凍、皮革、水壩工程	護士、人事、管理員、幫傭、人材銀行、仲介業、服飾租賃、股票、麵包店、蛋糕、咖啡、娃娃、窗簾、溫泉、綿

★金星人的吉祥物、不祥物

	招來幸運的東西	招來不幸的東西
顏　色	苔綠色	咖啡色、細條紋
寶　石 貴金屬	貓眼石、雞血石	纏絲瑪瑙
花	梅花、紫羅蘭、鬱金香	百日紅
工　作 工作範圍	處理車子的工作、托兒所、幼稚園、體育、外科、運輸、開發、開墾、獨立、社會科、理科	演員、導演、歌仔戲、司儀主持人、整型外科、動物園、畫家、運輸、焊接、機械、鋼鐵、廢物回收、職業模特兒、工會

★小王星人的吉祥物、不祥物

	招來幸運的東西	招來不幸的東西
顏　色	櫻花色、綠色、淡綠、黃綠	金色、楓葉色、錦色
寶　石 貴金屬	綠寶石、翡翠	黃玉、黃金
花	百合、桃花、牽牛花、鬱金香	胡枝子
工　作 工作範圍	情報產業、家具店、文具店、材木、塌塌米、植物、造園、報紙、旅館、啤酒、食品、高爾夫球場、雜貨、精米、郵票	編集、記者、歌手、樂器、照片、刺繡、剝製、小鳥、時鐘、經濟部、冰

★土星人的吉祥物、不祥物

	招來幸運的東西	招來不幸的東西
顏　色	櫻花色、天空色、錦色、銀色	酒紅色、巧克力色
寶　石 貴金屬	藍晶、珍珠、珊瑚、鋯石、月石、銀	鑽石
花	鈴蘭、櫻花、菖蒲、風信子、高山植物	菊花
工　作 工作範圍	理工系、電力、電氣、瓦斯、通信、天文學、知事、設計、建設、船舶、精神科、高級服飾店、雨傘、領帶、皮包、手提帶、釣魚	教師、秘書、護士、醫生、牧師、警察、空中小姐、攝影師、旅館、保險、汽車、政治家、老闆、陶器、化工業

★天王星人的吉祥物、不祥物

	招來幸運的東西	招來不幸的東西
顏　色	黃色、淺紫色、橘色	藍色、紫、灰色
寶　石 貴金屬	貓眼石、電氣石	紫晶、石浮雕貝殼
花	蒲公英、百合、八仙花、無言花、牡丹、木瓜花、藤花	月見草、山茶花
工　作 工作範圍	公務員、神經科、哲學、心理學、宗教、船舶、電車、道路、畫畫、裸體、內衣、壽司、魚貝類	政治家、幹事、市長、名譽會員、諮詢人員、會長、醫院、學校、汽車、機車、腳踏車、輪胎、像機、玻璃加工、眼鏡、橡膠

後　記

人的命運有根據其生年月日，是無法改變的，及生下來就開始變化的「變化運」。今日有很多的占術，但要完全了解命運的路，若沒有觸及命運的「命」部份，便無法接觸到真正的命運。

六星命運占卜學是儘可能剖析「命運」，並解答「命」的占命學。最後我們知道「命運」的某一部份是可以改變的，因此，我們不僅可了解自然界所有現象，萬物變化的果，同時還可以預測未來。

本書爲讓讀者在有煩惱有發生問題時，能夠立刻對應，除了六命推秘術外，還公開了六星命運占卜學的一部份秘術。

對人而言，結婚的運勢會給我們一生相當大的影響。本書是我從向老師學習的「命」占術與長年研究菁華當中，選出適合結婚的對象，時期來做說明，裡面還談到了命運的架構及八字會給人們帶來影響。

本書已盡可能寫得讓讀者能夠明瞭，希望有煩惱而又不想借助專家的人，可從本書得到解答。

（1912年～1914年）

生　年	生月	生　日	支配命	生　日	支配命	生　日	支配命	生　日	支配命
	1月	1～8	金	9～18	火	19～28	月	29～31	木
1912年	2月	1～7	木	8～17	水	18～27	土	28～29	金
	3月	1～8	金	9～18	火	19～28	月	29～31	木
	4月	1～7	木	8～17	水	18～27	土	28～30	金
	5月	1～7	金	8～17	火	18～27	月	28～31	木
	6月	1～6	木	7～16	水	17～26	土	27～30	金
	7月	1～6	金	7～16	火	17～26	月	27～31	木
	8月	1～5	木	6～15	水	16～25	土	26～31	金
	9月	1～4	金	5～14	火	15～24	月	25～30	木
子	10月	1～4	木	5～14	水	15～24	土	25～31	金
	11月	1～3	金	4～13	火	14～23	月	24～30	木
	12月	1～3	木	4～13	水	14～23	土	24～31	金
	1月	1～2	金	3～12	火	13～22	月	23～31	木
1913年	2月	1	木	2～11	水	12～21	土	22～28	金
	3月	1～3	金	4～13	火	14～23	月	24～31	木
	4月	1～2	木	3～12	水	13～22	土	23～30	金
	5月	1～2	金	3～12	火	13～22	月	23～31	木
	6月	1	木	2～11	水	12～21	土	22～30	金
	7月	1	金	2～11	火	12～21	月	22～31	木
	8月	1～10	水	11～20	土	21～30	金	31	火
	9月	1～9	火	10～19	月	20～29	木	30	水
丑	10月	1～9	水	10～19	土	20～29	金	30～31	火
	11月	1～8	火	9～18	月	19～28	木	29～30	水
	12月	1～8	水	9～18	土	19～28	金	29～31	火
	1月	1～7	火	8～17	月	18～27	木	28～31	水
1914年	2月	1～6	水	7～16	土	17～26	金	27～28	火
	3月	1～8	火	9～18	月	19～28	木	29～31	水
	4月	1～7	水	8～17	土	18～27	金	28～30	火
	5月	1～7	火	8～17	月	18～27	木	28～31	水
	6月	1～6	水	7～16	土	17～26	金	27～30	火
	7月	1～6	火	7～16	月	17～26	木	27～31	水
	8月	1～5	水	6～15	土	16～25	金	26～31	火
	9月	1～4	火	5～14	月	15～24	木	25～30	水
寅	10月	1～4	水	5～14	土	15～24	金	25～31	火
	11月	1～3	火	4～13	月	14～23	木	24～30	水
	12月	1～3	水	4～13	土	14～23	金	24～31	火

(1915年～1917年)

支配命一覽表

生　年	生月	生　日	支配命	生　日	支配命	生　日	支配命	生　日	支配命
1915年	1月	1～2	火	3～12	月	13～22	木	23～31	水
	2月	1	水	2～11	土	12～21	金	22～28	火
	3月	1～3	火	4～13	月	14～23	木	24～31	水
	4月	1～2	水	3～12	土	13～22	金	23～30	火
	5月	1～2	火	3～12	月	13～22	木	23～31	水
	6月	1	水	2～11	土	12～21	金	22～30	火
	7月	1	火	2～11	月	12～21	木	22～31	水
	8月	1～10	土	11～20	金	21～30	火	31	月
	9月	1～9	月	10～19	木	20～29	水	30	土
卯	10月	1～9	土	10～19	金	20～29	火	30～31	月
	11月	1～8	月	9～18	木	19～28	水	29～30	土
	12月	1～8	土	9～18	金	19～28	火	29～31	月
1916年	1月	1～7	月	8～17	木	18～27	水	28～31	土
	2月	1～6	土	7～16	金	17～26	火	27～29	月
	3月	1～7	月	8～17	木	18～27	水	28～31	土
	4月	1～6	土	7～16	金	17～26	火	27～30	月
	5月	1～6	月	7～16	木	17～26	水	27～31	土
	6月	1～5	土	6～15	金	16～25	火	26～30	月
	7月	1～5	月	6～15	木	16～25	水	26～31	土
	8月	1～4	土	5～14	金	15～24	火	25～31	月
	9月	1～3	月	4～13	木	14～23	水	24～30	土
辰	10月	1～3	土	4～13	金	14～23	火	24～31	月
	11月	1～2	月	3～12	木	13～22	水	23～30	土
	12月	1～2	土	3～12	金	13～22	火	23～31	月
1917年	1月	1	月	2～11	木	12～21	水	22～31	土
	2月	1～10	金	11～20	火	21～28	月		
	3月	1～2	月	3～12	木	13～22	水	23～31	土
	4月	1	土	2～11	金	12～21	火	22～30	月
	5月	1	月	2～11	木	12～21	水	22～31	土
	6月	1～10	金	11～20	火	21～30	月		
	7月	1～10	木	11～20	水	21～30	土	31	金
	8月	1～9	金	10～19	火	20～29	月	30～31	木
	9月	1～8	木	9～18	水	19～28	土	29～30	金
巳	10月	1～8	金	9～18	火	19～28	月	29～31	木
	11月	1～7	木	8～17	水	18～27	土	28～30	金
	12月	1～7	金	8～17	火	18～27	月	28～31	木

(1918年～1920年)

生　年	生月	生　日	支配命	生　日	支配命	生　日	支配命	生　日	支配命
	1月	1～6	木	7～16	水	17～26	土	27～31	金
1918年	2月	1～5	金	6～15	火	16～25	月	26～28	木
	3月	1～7	木	8～17	水	18～27	土	28～31	金
	4月	1～6	金	7～16	. 火	17～26	月	27～30	木
	5月	1～6	木	7～16	水	17～26	土	27～31	金
	6月	1～5	金	6～15	火	16～25	月	26～30	木
	7月	1～5	木	6～15	水	16～25	土	26～31	金
	8月	1～4	金	5～14	火	15～24	月	25～31	木
	9月	1～3	木	4～13	水	14～23	土	24～30	金
午	10月	1～3	金	4～13	火	14～23	月	24～31	木
	11月	1～2	木	3～12	水	13～22	土	23～30	金
	12月	1～2	金	3～12	火	13～22	月	23～31	木
	1月	1	木	2～11	水	12～21	土	22～31	金
1919年	2月	1～10	火	11～20	月	21～28	木		
	3月	1～2	木	3～12	水	13～22	土	23～31	金
	4月	1	金	2～11	火	12～21	月	22～30	木
	5月	1	木	2～11	水	12～21	土	22～31	金
	6月	1～10	火	11～20	月	21～30	木		
	7月	1～10	水	11～20	土	21～30	金	31	火
	8月	1～9	火	10～19	月	20～29	木	30～31	水
	9月	1～8	水	9～18	土	19～28	金	29～30	火
未	10月	1～8	火	9～18	月	19～28	木	29～31	水
	11月	1～7	水	8～17	土	18～27	金	28～30	火
	12月	1～7	火	8～17	月	18～27	木	28～31	水
	1月	1～6	水	7～16	土	17～26	金	27～31	火
	2月	1～5	火	6～15	月	16～25	木	26～29	水
1920年	3月	1～6	水	7～16	土	17～26	金	27～31	火
	4月	1～5	火	6～15	月	16～25	木	26～30	水
	5月	1～5	水	6～15	土	16～25	金	26～31	火
	6月	1～4	火	5～14	月	15～24	木	25～30	水
	7月	1～4	水	5～14	土	15～24	金	25～31	火
	8月	1～3	火	4～13	月	14～23	木	24～31	水
	9月	1～2	水	3～12	土	13～22	金	23～30	火
申	10月	1～2	火	3～12	月	13～22	木	23～31	水
	11月	1	水	2～11	土	12～21	金	22～30	火
	12月	1	火	2～11	月	12～21	木	22～31	水

(1921年～1923年)

生　年	生月	生　日	支配命	生　日	支配命	生　日	支配命	生　日	支配命
	1月	1～10	土	11～20	金	21～30	火	31	月
	2月	1～9	月	10～19	木	20～28	水		
1921年	3月	1	水	2～11	土	12～21	金	22～31	火
	4月	1～10	月	11～20	木	21～30	水		
	5月	1～10	土	11～20	金	21～30	火	31	月
	6月	1～9	月	10～19	木	20～29	水	30	土
	7月	1～9	土	10～19	金	20～29	火	30～31	月
	8月	1～8	月	9～18	木	19～28	水	29～31	土
	9月	1～7	土	8～17	金	18～27	火	28～30	月
酉	10月	1～7	月	8～17	木	18～27	水	28～31	土
	11月	1～6	土	7～16	金	17～26	火	27～30	月
	12月	1～6	月	7～16	木	17～26	水	27～31	土
	1月	1～5	土	6～15	金	16～25	火	26～31	月
	2月	1～4	月	5～14	木	15～24	水	25～28	土
1922年	3月	1～6	土	7～16	金	17～26	火	27～31	月
	4月	1～5	月	6～15	木	16～25	水	26～30	土
	5月	1～5	土	6～15	金	16～25	火	26～31	月
	6月	1～4	月	5～14	木	15～24	水	25～30	土
	7月	1～4	土	5～14	金	15～24	火	25～31	月
	8月	1～3	月	4～13	木	14～23	水	24～31	土
	9月	1～2	土	3～12	金	13～22	火	23～30	月
戌	10月	1～2	月	3～12	木	13～22	水	23～31	土
	11月	1	土	2～11	金	12～21	火	22～30	月
	12月	1	月	2～11	木	12～21	水	22～31	土
	1月	1～10	金	11～20	火	21～30	月	31	木
	2月	1～9	木	10～19	水	20～28	土		
1923年	3月	1	土	2～11	金	12～21	火	22～31	月
	4月	1～10	木	11～20	水	21～30	土		
	5月	1～10	金	11～20	火	21～30	月	31	木
	6月	1～9	木	10～19	水	20～29	土	30	金
	7月	1～9	金	10～19	火	20～29	月	30～31	木
	8月	1～8	木	9～18	水	19～28	土	29～31	金
	9月	1～7	金	8～17	火	18～27	月	28～30	木
亥	10月	1～7	木	8～17	水	18～27	土	28～31	金
	11月	1～6	金	7～16	火	17～26	月	27～30	木
	12月	1～6	木	7～16	水	17～26	土	27～31	金

(1924年～1926年)

生 年	生月	生 日	支配命	生 日	支配命	生 日	支配命	生 日	支配命
1924年	1月	1～5	金	6～15	火	16～25	月	26～31	木
	2月	1～4	木	5～14	水	15～24	土	25～29	金
	3月	1～5	金	6～15	火	16～25	月	26～31	木
	4月	1～4	木	5～14	水	15～24	土	25～30	金
	5月	1～4	金	5～14	火	15～24	月	25～31	木
	6月	1～3	木	4～13	水	14～23	土	24～30	金
	7月	1～3	金	4～13	火	14～23	月	24～31	木
	8月	1～2	木	3～12	水	13～22	土	23～31	金
	9月	1	金	2～11	火	12～21	月	22～30	木
子	10月	1	木	2～11	水	12～21	土	22～31	金
	11月	1～10	火	11～20	月	21～30	木		
	12月	1～10	水	11～20	土	21～30	金	31	火
1925年	1月	1～9	火	10～19	月	20～29	木	30～31	水
	2月	1～8	水	9～18	土	19～28	金		
	3月	1～10	火	11～20	月	21～30	木	31	水
	4月	1～9	水	10～19	土	20～29	金	30	火
	5月	1～9	火	10～19	月	20～29	木	30～31	水
	6月	1～8	水	9～18	土	19～28	金	29～30	火
	7月	1～8	火	9～18	月	19～28	木	29～31	水
	8月	1～7	水	8～17	土	18～27	金	28～31	火
	9月	1～6	火	7～16	月	17～26	木	27～30	水
丑	10月	1～6	水	7～16	上	17～26	金	27～31	火
	11月	1～5	火	6～15	月	16～25	木	26～30	水
	12月	1～5	水	6～15	土	16～25	金	26～31	火
1926年	1月	1～4	火	5～14	月	15～24	木	25～31	水
	2月	1～3	水	4～13	土	14～23	金	24～28	火
	3月	1～5	火	6～15	月	16～25	木	26～31	水
	4月	1～4	水	5～14	土	15～24	金	25～30	火
	5月	1～4	火	5～14	月	15～24	木	25～31	水
	6月	1～3	水	4～13	土	14～23	金	24～30	火
	7月	1～3	火	4～13	月	14～23	木	24～31	水
	8月	1～2	水	3～12	土	13～22	金	23～31	火
	9月	1	火	2～11	月	12～21	木	22～30	水
寅	10月	1	水	2～11	土	12～21	金	22～31	火
	11月	1～10	月	11～20	木	21～30	水		
	12月	1～10	土	11～20	金	21～30	火	31	月

(1927年～1929年)

生　年	生月	生　日	支配命	生　日	支配命	生　日	支配命	生　日	支配命
	1月	1～9	月	10～19	木	20～29	水	30～31	土
	2月	1～8	土	9～18	金	19～28	火		
1927年	3月	1～10	月	11～20	木	21～30	水	31	土
	4月	1～9	土	10～19	金	20～29	火	30	月
	5月	1～9	月	10～19	木	20～29	水	30～31	土
	6月	1～8	土	9～18	金	19～28	火	29～30	月
	7月	1～8	月	9～18	木	19～28	水	29～31	土
	8月	1～7	土	8～17	金	18～27	火	28～31	月
	9月	1～6	月	7～16	木	17～26	水	27～30	土
卯	10月	1～6	土	7～16	金	17～26	火	27～31	月
	11月	1～5	月	6～15	木	16～25	水	26～30	土
	12月	1～5	土	6～15	金	16～25	火	26～31	月
	1月	1～4	月	5～14	木	15～24	水	25～31	土
	2月	1～3	土	4～13	金	14～23	火	24～29	月
1928年	3月	1～4	月	5～14	木	15～24	水	25～31	土
	4月	1～3	土	4～13	金	14～23	火	24～30	月
	5月	1～3	月	4～13	木	14～23	水	24～31	土
	6月	1～2	土	3～12	金	13～22	火	23～30	月
	7月	1～2	月	3～12	木	13～22	水	23～31	土
	8月	1	土	2～11	金	12～21	火	22～31	月
	9月	1～10	木	11～20	水	21～30	土		
辰	10月	1～10	金	11～20	火	21～30	月	31	木
	11月	1～9	木	10～19	水	20～29	土	30	金
	12月	1～9	金	10～19	火	20～29	月	30～31	木
	1月	1～8	木	9～18	水	19～28	土	29～31	金
	2月	1～7	金	8～17	火	18～27	月	28	木
1929年	3月	1～9	木	10～19	水	20～29	土	30～31	金
	4月	1～8	金	9～18	火	19～28	月	29～30	木
	5月	1～8	木	9～18	水	19～28	土	29～31	金
	6月	1～7	金	8～17	火	18～27	月	28～30	木
	7月	1～7	木	8～17	水	18～27	土	28～31	金
	8月	1～6	金	7～16	火	17～26	月	27～31	木
	9月	1～5	木	6～15	水	16～25	土	26～30	金
巳	10月	1～5	金	6～15	火	16～25	月	26～31	木
	11月	1～4	木	5～14	水	15～24	土	25～30	金
	12月	1～4	金	5～14	火	15～24	月	25～31	木

(1930年～1932年)

生　年	生月	生　日	支配命	生　日	支配命	生　日	支配命	生　日	支配命
	1月	1～3	木	4～13	水	14～23	土	24～31	金
1930年	2月	1～2	金	3～12	火	13～22	月	23～28	木
	3月	1～4	木	5～14	水	15～24	土	25～31	金
	4月	1～3	金	4～13	火	14～23	月	24～30	木
	5月	1～3	木	4～13	水	14～23	土	24～31	金
	6月	1～2	金	3～12	火	13～22	月	23～30	木
	7月	1～2	木	3～12	水	13～22	土	23～31	金
	8月	1	金	2～11	火	12～21	月	22～31	木
	9月	1～10	水	11～20	土	21～30	金		
午	10月	1～10	火	11～20	月	21～30	木	31	水
	11月	1～9	水	10～19	土	20～29	金	30	火
	12月	1～9	火	10～19	月	20～29	木	30～31	水
	1月	1～8	水	9～18	土	19～28	金	29～31	火
1931年	2月	1～7	火	8～17	月	18～27	木	28	水
	3月	1～9	水	10～19	土	20～29	金	30～31	火
	4月	1～8	火	9～18	月	19～28	木	29～30	水
	5月	1～8	水	9～18	土	19～28	金	29～31	火
	6月	1～7	火	8～17	月	18～27	木	28～30	水
	7月	1～7	水	8～17	土	18～27	金	28～31	火
	8月	1～6	火	7～16	月	17～26	木	27～31	水
	9月	1～5	水	6～15	土	16～25	金	26～30	火
未	10月	1～5	火	6～15	月	16～25	木	26～31	水
	11月	1～4	水	5～14	土	15～24	金	25～30	火
	12月	1～4	火	5～14	月	15～24	木	25～31	水
	1月	1～3	水	4～13	土	14～23	金	24～31	火
1932年	2月	1～2	火	3～12	月	13～22	木	23～29	水
	3月	1～3	水	4～13	土	14～23	金	24～31	火
	4月	1～2	火	3～12	月	13～22	木	23～30	水
	5月	1～2	水	3～12	土	13～22	金	23～31	火
	6月	1	火	2～11	月	12～21	木	22～30	水
	7月	1	水	2～11	土	12～21	金	22～31	火
	8月	1～10	月	11～20	木	21～30	水	31	土
	9月	1～9	土	10～19	金	20～29	火	30	月
申	10月	1～9	月	10～19	木	20～29	水	30～31	土
	11月	1～8	土	9～18	金	19～28	火	29～30	月
	12月	1～8	月	9～18	木	19～28	水	29～31	土

(1933年～1935年)

生　年	生月	生　日	支配命	生　日	支配命	生　日	支配命	生　日	支配命
1933年 酉	1月	1～7	土	8～17	金	18～27	火	28～31	月
	2月	1～6	月	7～16	木	17～26	水	27～28	土
	3月	1～8	土	9～18	金	19～28	火	29～31	月
	4月	1～7	月	8～17	木	18～27	水	28～30	土
	5月	1～7	土	8～17	金	18～27	火	28～31	月
	6月	1～6	月	7～16	木	17～26	水	27～30	土
	7月	1～6	土	7～16	金	17～26	火	27～31	月
	8月	1～5	月	6～15	木	16～25	水	26～31	土
	9月	1～4	土	5～14	金	15～24	火	25～30	月
	10月	1～4	月	5～14	木	15～24	水	25～31	土
	11月	1～3	土	4～13	金	14～23	火	24～30	月
	12月	1～3	月	4～13	木	14～23	水	24～31	土
1934年 戌	1月	1～2	土	3～12	金	13～22	火	23～31	月
	2月	1	月	2～11	木	12～21	水	22～28	土
	3月	1～3	土	4～13	金	14～23	火	24～31	月
	4月	1～2	月	3～12	木	13～22	水	23～30	土
	5月	1～2	土	3～12	金	13～22	火	23～31	月
	6月	1	月	2～11	木	12～21	水	22～30	土
	7月	1	土	2～11	金	12～21	火	22～31	月
	8月	1～10	木	11～20	水	21～30	土	31	金
	9月	1～9	金	10～19	火	20～29	月	30	木
	10月	1～9	木	10～19	水	20～29	土	30～31	金
	11月	1～8	金	9～18	火	19～28	月	29～30	木
	12月	1～8	木	9～18	水	19～28	土	29～31	金
1935年 亥	1月	1～7	金	8～17	火	18～27	月	28～31	木
	2月	1～6	木	7～16	水	17～26	土	27～28	金
	3月	1～8	金	9～18	火	19～28	月	29～31	木
	4月	1～7	木	8～17	水	18～27	土	28～30	金
	5月	1～7	金	8～17	火	18～27	月	28～31	木
	6月	1～6	木	7～16	水	17～26	土	27～30	金
	7月	1～6	金	7～16	火	17～26	月	27～31	木
	8月	1～5	木	6～15	水	16～25	土	26～31	金
	9月	1～4	金	5～14	火	15～24	月	25～30	木
	10月	1～4	木	5～14	水	15～24	土	25～31	金
	11月	1～3	金	4～13	火	14～23	月	24～30	木
	12月	1～3	木	4～13	水	14～23	土	24～31	金

(1936年～1938年)

生　年	生月	生　日	支配命	生　日	支配命	生　日	支配命	生　日	支配命
	1月	1～2	金	3～12	火	13～22	月	23～31	木
1936年	2月	1	木	2～11	水	12～21	土	22～29	金
	3月	1～2	金	3～12	火	13～22	月	23～31	木
	4月	1	木	2～11	水	12～21	土	22～30	金
	5月	1	金	2～11	火	12～21	月	22～31	木
	6月	1～10	水	11～20	土	21～30	金		
	7月	1～10	火	11～20	月	21～30	木	31	水
	8月	1～9	水	10～19	土	20～29	金	30～31	火
	9月	1～8	火	9～18	月	19～28	木	29～30	水
子	10月	1～8	水	9～18	土	19～28	金	29～31	火
	11月	1～7	火	8～17	月	18～27	木	28～30	水
	12月	1～7	水	8～17	土	18～27	金	28～31	火
	1月	1～6	火	7～16	月	17～26	木	27～31	水
1937年	2月	1～5	水	6～15	土	16～25	金	26～28	火
	3月	1～7	火	8～17	月	18～27	木	28～31	水
	4月	1～6	水	7～16	土	17～26	金	27～30	火
	5月	1～6	火	7～16	月	17～26	木	27～31	水
	6月	1～5	水	6～15	土	16～25	金	26～30	火
	7月	1～5	火	6～15	月	16～25	木	26～31	水
	8月	1～4	水	5～14	土	15～24	金	25～31	火
	9月	1～3	火	4～13	月	14～23	木	24～30	水
丑	10月	1～3	水	4～13	土	14～23	金	24～31	火
	11月	1～2	火	3～12	月	13～22	木	23～30	水
	12月	1～2	水	3～12	土	13～22	金	23～31	火
	1月	1	火	2～11	月	12～21	木	22～31	水
1938年	2月	1～10	土	11～20	金	21～28	火		
	3月	1～2	火	3～12	月	13～22	木	23～31	水
	4月	1	水	2～11	土	12～21	金	22～30	火
	5月	1	火	2～11	月	12～21	木	22～31	水
	6月	1～10	土	11～20	金	21～30	火		
	7月	1～10	月	11～20	木	21～30	水	31	土
	8月	1～9	土	10～19	金	20～29	火	30～31	月
	9月	1～8	月	9～18	木	19～28	水	29～30	土
寅	10月	1～8	土	9～18	金	19～28	火	29～31	月
	11月	1～7	月	8～17	木	18～27	水	28～30	土
	12月	1～7	土	8～17	金	18～27	火	28～31	月

(1939年～1941年)

生　年	生月	生　日	支配命	生　日	支配命	生　日	支配命	生　日	支配命
	1月	1～6	月	7～16	木	17～26	水	27～31	土
1939年	2月	1～5	土	6～15	金	16～25	火	26～28	月
	3月	1～7	月	8～17	木	18～27	水	28～31	土
	4月	1～6	土	7～16	金	17～26	火	27～30	月
	5月	1～6	月	7～16	木	17～26	水	27～31	土
	6月	1～5	土	6～15	金	16～25	火	26～30	月
	7月	1～5	月	6～15	木	16～25	水	26～31	土
	8月	1～4	土	5～14	金	15～24	火	25～31	月
	9月	1～3	月	4～13	木	14～23	水	24～30	土
卯	10月	1～3	土	4～13	金	14～23	火	24～31	月
	11月	1～2	月	3～12	木	13～22	水	23～30	土
	12月	1～2	土	3～12	金	13～22	火	23～31	月
	1月	1	月	2～11	木	12～21	水	22～31	土
1940年	2月	1～10	金	11～20	火	21～29	月		
	3月	1	月	2～11	木	12～21	水	22～31	土
	4月	1～10	金	11～20	火	21～30	月		
	5月	1～10	木	11～20	水	21～30	土	31	金
	6月	1～9	金	10～19	火	20～29	月	30	木
	7月	1～9	木	10～19	水	20～29	土	30～31	金
	8月	1～8	金	9～18	火	19～28	月	29～31	木
	9月	1～7	木	8～17	水	18～27	土	28～30	金
辰	10月	1～7	金	8～17	火	18～27	月	28～31	木
	11月	1～6	木	7～16	水	17～26	土	27～30	金
	12月	1～6	金	7～16	火	17～26	月	27～31	木
	1月	1～5	木	6～15	水	16～25	土	26～31	金
1941年	2月	1～4	金	5～14	火	15～24	月	25～28	木
	3月	1～6	木	7～16	水	17～26	土	27～31	金
	4月	1～5	金	6～15	火	16～25	月	26～30	木
	5月	1～5	木	6～15	水	16～25	土	26～31	金
	6月	1～4	金	5～14	火	15～24	月	25～30	木
	7月	1～4	木	5～14	水	15～24	土	25～31	金
	8月	1～3	金	4～13	火	14～23	月	24～31	木
	9月	1～2	木	3～12	水	13～22	土	23～30	金
巳	10月	1～2	金	3～12	火	13～22	月	23～31	木
	11月	1	木	2～11	水	12～21	土	22～30	金
	12月	1	金	2～11	火	12～21	月	22～31	木

(1942年～1944年)

生　年	生月	生　日	支配命	生　日	支配命	生　日	支配命	生　日	支配命
1942年	1月	1～10	水	11～20	土	21～30	金	31	火
	2月	1～9	火	10～19	月	20～28	木		
	3月	1	木	2～11	水	12～21	土	22～31	金
	4月	1～10	火	11～20	月	21～30	木		
	5月	1～10	水	11～20	土	21～30	金	31	火
	6月	1～9	火	10～19	月	20～29	木	30	水
	7月	1～9	水	10～19	土	20～29	金	30～31	火
	8月	1～8	火	9～18	月	19～28	木	29～31	水
	9月	1～7	水	8～17	土	18～27	金	28～30	火
午	10月	1～7	火	8～17	月	18～27	木	28～31	水
	11月	1～6	水	7～16	土	17～26	金	27～30	火
	12月	1～6	火	7～16	月	17～26	木	27～31	水
1943年	1月	1～5	水	6～15	土	16～25	金	26～31	火
	2月	1～4	火	5～14	月	15～24	木	25～28	水
	3月	1～6	水	7～16	土	17～26	金	27～31	火
	4月	1～5	火	6～15	月	16～25	木	26～30	水
	5月	1～5	水	6～15	土	16～25	金	26～31	火
	6月	1～4	火	5～14	月	15～24	木	25～30	水
	7月	1～4	水	5～14	土	15～24	金	25～31	火
	8月	1～3	火	4～13	月	14～23	木	24～31	水
	9月	1～2	水	3～12	土	13～22	金	23～30	火
未	10月	1～2	火	3～12	月	13～22	木	23～31	水
	11月	1	水	2～11	土	12～21	金	22～30	火
	12月	1	火	2～11	月	12～21	木	22～31	水
1944年	1月	1～10	土	11～20	金	21～30	火	31	月
	2月	1～9	月	10～19	木	20～29	水		
	3月	1～10	土	11～20	金	21～30	火	31	月
	4月	1～9	月	10～19	木	20～29	水	30	土
	5月	1～9	土	10～19	金	20～29	火	30～31	月
	6月	1～8	月	9～18	木	19～28	水	29～30	土
	7月	1～8	土	9～18	金	19～28	火	29～31	月
	8月	1～7	月	8～17	木	18～27	水	28～31	土
	9月	1～6	土	7～16	金	17～26	火	27～30	月
申	10月	1～6	月	7～16	木	17～26	水	27～31	土
	11月	1～5	土	6～15	金	16～25	火	26～30	月
	12月	1～5	月	6～15	木	16～25	水	26～31	土

(1945年～1947年)

生　年	生月	生　日	支配命	生　日	支配命	生　日	支配命	生　日	支配命
	1月	1～4	土	5～14	金	15～24	火	25～31	月
1945年	2月	1～3	月	4～13	木	14～23	水	24～28	土
	3月	1～5	土	6～15	金	16～25	火	26～31	月
	4月	1～4	月	5～14	木	15～24	水	25～30	土
	5月	1～4	土	5～14	金	15～24	火	25～31	月
	6月	1～3	月	4～13	木	14～23	水	24～30	土
	7月	1～3	土	4～13	金	14～23	火	24～31	月
	8月	1～2	月	3～12	木	13～22	水	23～31	土
	9月	1	土	2～11	金	12～21	火	22～30	月
酉	10月	1	月	2～11	木	12～21	水	22～31	土
	11月	1～10	金	11～20	火	21～30	月		
	12月	1～10	木	11～20	水	21～30	土	31	金
	1月	1～9	金	10～19	火	20～29	月	30～31	木
1946年	2月	1～8	木	9～18	水	19～28	土		
	3月	1～10	金	11～20	火	21～30	月	31	木
	4月	1～9	木	10～19	水	20～29	土	30	金
	5月	1～9	金	10～19	火	20～29	月	30～31	木
	6月	1～8	木	9～18	水	19～28	土	29～30	金
	7月	1～8	金	9～18	火	19～28	月	29～31	木
	8月	1～7	木	8～17	水	18～27	土	28～31	金
	9月	1～6	金	7～16	火	17～26	月	27～30	木
戌	10月	1～6	木	7～16	水	17～26	土	27～31	金
	11月	1～5	金	6～15	火	16～25	月	26～30	木
	12月	1～5	木	6～15	水	16～25	土	26～31	金
	1月	1～4	金	5～14	火	15～24	月	25～31	木
1947年	2月	1～3	木	4～13	水	14～23	土	24～28	金
	3月	1～5	金	6～15	火	16～25	月	26～31	木
	4月	1～4	木	5～14	水	15～24	土	25～30	金
	5月	1～4	金	5～14	火	15～24	月	25～31	木
	6月	1～3	木	4～13	水	14～23	土	24～30	金
	7月	1～3	金	4～13	火	14～23	月	24～31	木
	8月	1～2	木	3～12	水	13～22	土	23～31	金
	9月	1	金	2～11	火	12～21	月	22～30	木
亥	10月	1	木	2～11	水	12～21	土	22～31	金
	11月	1～10	火	11～20	月	21～30	木		
	12月	1～10	水	11～20	土	21～30	金	31	火

（1948年～1950年）

生　年	生月	生　日	支配命	生　日	支配命	生　日	支配命	生　日	支配命
1948年	1月	1～9	火	10～19	月	20～29	木	30～31	水
	2月	1～8	水	9～18	土	19～28	金	29	火
	3月	1～9	火	10～19	月	20～29	木	30～31	水
	4月	1～8	水	9～18	土	19～28	金	29～30	火
	5月	1～8	火	9～18	月	19～28	木	29～31	水
	6月	1～7	水	8～17	土	18～27	金	28～30	火
	7月	1～7	火	8～17	月	18～27	木	28～31	水
	8月	1～6	水	7～16	土	17～26	金	27～31	火
	9月	1～5	火	6～15	月	16～25	木	26～30	水
子	10月	1～5	水	6～15	土	16～25	金	26～31	火
	11月	1～4	火	5～14	月	15～24	木	25～30	水
	12月	1～4	水	5～14	土	15～24	金	25～31	火
1949年	1月	1～3	火	4～13	月	14～23	木	24～31	水
	2月	1～2	水	3～12	土	13～22	金	23～28	火
	3月	1～4	火	5～14	月	15～24	木	25～31	水
	4月	1～3	水	4～13	土	14～23	金	24～30	火
	5月	1～3	火	4～13	月	14～23	木	24～31	水
	6月	1～2	水	3～12	土	13～22	金	23～30	火
	7月	1～2	火	3～12	月	13～22	木	23～31	水
	8月	1	水	2～11	土	12～21	金	22～31	火
	9月	1～10	月	11～20	木	21～30	水		
丑	10月	1～10	土	11～20	金	21～30	火	31	月
	11月	1～9	月	10～19	木	20～29	水	30	土
	12月	1～9	土	10～19	金	20～29	火	30～31	月
1950年	1月	1～8	月	9～18	木	19～28	水	29～31	土
	2月	1～7	土	8～17	金	18～27	火	28	月
	3月	1～9	月	10～19	木	20～29	水	30～31	土
	4月	1～8	土	9～18	金	19～28	火	29～30	月
	5月	1～8	月	9～18	木	19～28	水	29～31	土
	6月	1～7	土	8～17	金	18～27	火	28～30	月
	7月	1～7	月	8～17	木	18～27	水	28～31	土
	8月	1～6	土	7～16	金	17～26	火	27～31	月
	9月	1～5	月	6～15	木	16～25	水	26～30	土
寅	10月	1～5	土	6～15	金	16～25	火	26～31	月
	11月	1～4	月	5～14	木	15～24	水	25～30	土
	12月	1～4	土	5～14	金	15～24	火	25～31	月

(1951年~1953年)

生年	生月	生日	支配命	生日	支配命	生日	支配命	生日	支配命
1951年 卯	1月	1~3	月	4~13	木	14~23	水	24~31	土
	2月	1~2	土	3~12	金	13~22	火	23~28	月
	3月	1~4	月	5~14	木	15~24	水	25~31	土
	4月	1~3	土	4~13	金	14~23	火	24~30	月
	5月	1~3	月	4~13	木	14~23	水	24~31	土
	6月	1~2	土	3~12	金	13~22	火	23~30	月
	7月	1~2	月	3~12	木	13~22	水	23~31	土
	8月	1	土	2~11	金	12~21	火	22~31	月
	9月	1~10	木	11~20	水	21~30	土		
	10月	1~10	金	11~20	火	21~30	月	31	木
	11月	1~9	木	10~19	水	20~29	土	30	金
	12月	1~9	金	10~19	火	20~29	月	30~31	木
1952年 辰	1月	1~8	木	9~18	水	19~28	土	29~31	金
	2月	1~7	金	8~17	火	18~27	月	28~29	木
	3月	1~8	木	9~18	水	19~28	土	29~31	金
	4月	1~7	金	8~17	火	18~27	月	28~30	木
	5月	1~7	木	8~17	水	18~27	土	28~31	金
	6月	1~6	金	7~16	火	17~26	月	27~30	木
	7月	1~6	木	7~16	水	17~26	土	27~31	金
	8月	1~5	金	6~15	火	16~25	月	26~31	木
	9月	1~4	木	5~14	水	15~24	土	25~30	金
	10月	1~4	金	5~14	火	15~24	月	25~31	木
	11月	1~3	木	4~13	水	14~23	土	24~30	金
	12月	1~3	金	4~13	火	14~23	月	24~31	木
1953年 巳	1月	1~2	木	3~12	水	13~22	土	23~31	金
	2月	1	金	2~11	火	12~21	月	22~28	木
	3月	1~3	木	4~13	水	14~23	土	24~31	金
	4月	1~2	金	3~12	火	13~22	月	23~30	木
	5月	1~2	木	3~12	水	13~22	土	23~31	金
	6月	1	金	2~11	火	12~21	月	22~30	木
	7月	1	木	2~11	水	12~21	土	22~31	金
	8月	1~10	火	11~20	月	21~30	木	31	水
	9月	1~9	水	10~19	土	20~29	金	30	火
	10月	1~9	火	10~19	月	20~29	木	30~31	水
	11月	1~8	水	9~18	土	19~28	金	29~30	火
	12月	1~8	火	9~18	月	19~28	木	29~31	水

(1954年～1956年)

生　年	生月	生　日	支配命	生　日	支配命	生　日	支配命	生　日	支配命
1954年	1月	1～7	水	8～17	土	18～27	金	28～31	火
	2月	1～6	火	7～16	月	17～26	木	27～28	水
	3月	1～8	水	9～18	土	19～28	金	29～31	火
	4月	1～7	火	8～17	月	18～27	木	28～30	水
	5月	1～7	水	8～17	土	18～27	金	28～31	火
	6月	1～6	火	7～16	月	17～26	木	27～30	水
	7月	1～6	水	7～16	土	17～26	金	27～31	火
	8月	1～5	火	6～15	月	16～25	木	26～31	水
	9月	1～4	水	5～14	土	15～24	金	25～30	火
午	10月	1～4	火	5～14	月	15～24	木	25～31	水
	11月	1～3	水	4～13	土	14～23	金	24～30	火
	12月	1～3	火	4～13	月	14～23	木	24～31	水
1955年	1月	1～2	水	3～12	土	13～22	金	23～31	火
	2月	1	火	2～11	月	12～21	木	22～28	水
	3月	1～3	水	4～13	土	14～23	金	24～31	火
	4月	1～2	火	3～12	月	13～22	木	23～30	水
	5月	1～2	水	3～12	土	13～22	金	23～31	火
	6月	1	火	2～11	月	12～21	木	22～30	水
	7月	1	水	2～11	土	12～21	金	22～31	火
	8月	1～10	月	11～20	木	21～30	水	31	土
	9月	1～9	土	10～19	金	20～29	火	30	月
未	10月	1～9	月	10～19	木	20～29	水	30～31	土
	11月	1～8	土	9～18	金	19～28	火	29～30	月
	12月	1～8	月	9～18	木	19～28	水	29～31	土
1956年	1月	1～7	土	8～17	金	18～27	火	28～31	月
	2月	1～6	月	7～16	木	17～26	水	27～29	土
	3月	1～7	土	8～17	金	18～27	火	28～31	月
	4月	1～6	月	7～16	木	17～26	水	27～30	土
	5月	1～6	土	7～16	金	17～26	火	27～31	月
	6月	1～5	月	6～15	木	16～25	水	26～30	土
	7月	1～5	土	6～15	金	16～25	火	26～31	月
	8月	1～4	月	5～14	木	15～24	水	25～31	土
	9月	1～3	土	4～13	金	14～23	火	24～30	月
申	10月	1～3	月	4～13	木	14～23	水	24～31	土
	11月	1～2	土	3～12	金	13～22	火	23～30	月
	12月	1～2	月	3～12	木	13～22	水	23～31	土

(1957年～1959年)

生　年	生月	生　日	支配命	生　日	支配命	生　日	支配命	生　日	支配命
	1月	1	土	2～11	金	12～21	火	22～31	月
1957年	2月	1～10	木	11～20	水	21～28	土		
	3月	1～2	土	3～12	金	13～22	火	23～31	月
	4月	1	月	2～11	水	12～21	水	22～30	土
	5月	1	土	2～11	金	12～21	火	22～31	月
	6月	1～10	木	11～20	水	21～30	土		
	7月	1～10	金	11～20	火	21～30	月	31	木
	8月	1～9	木	10～19	水	20～29	土	30～31	金
	9月	1～8	金	9～18	火	19～28	月	29～30	木
酉	10月	1～8	木	9～18	水	19～28	土	29～31	金
	11月	1～7	金	8～17	火	18～27	月	28～30	木
	12月	1～7	木	8～17	水	18～27	土	28～31	金
	1月	1～6	金	7～16	火	17～26	月	27～31	木
1958年	2月	1～5	木	6～15	水	16～25	土	26～28	金
	3月	1～7	金	8～17	火	18～27	月	28～31	木
	4月	1～6	木	7～16	水	17～26	土	27～30	金
	5月	1～6	金	7～16	火	17～26	月	27～31	木
	6月	1～5	木	6～15	水	16～25	土	26～30	金
	7月	1～5	金	6～15	火	16～25	月	26～31	木
	8月	1～4	木	5～14	水	15～24	土	25～31	金
	9月	1～3	金	4～13	火	14～23	月	24～30	木
戌	10月	1～3	木	4～13	水	14～23	土	24～31	金
	11月	1～2	金	3～12	火	13～22	月	23～30	木
	12月	1～2	木	3～12	水	13～22	土	23～31	金
	1月	1	金	2～11	火	12～21	月	22～31	木
1959年	2月	1～10	水	11～20	土	21～28	金		
	3月	1～2	金	3～12	火	13～22	月	23～31	木
	4月	1	木	2～11	水	12～21	土	22～30	金
	5月	1	金	2～11	火	12～21	月	22～31	木
	6月	1～10	水	11～20	土	21～30	金		
	7月	1～10	火	11～20	月	21～30	木	31	水
	8月	1～9	水	10～19	土	20～29	金	30～31	火
	9月	1～8	火	9～18	月	19～28	木	29～30	水
亥	10月	1～8	水	9～18	土	19～28	金	29～31	火
	11月	1～7	火	8～17	月	18～27	木	28～30	水
	12月	1～7	水	8～17	土	18～27	金	28～31	火

(1960年～1962年)

生　年	生月	生　日	支配命	生　日	支配命	生　日	支配命	生　日	支配命
	1月	1～6	火	7～16	月	17～26	木	27～31	水
	2月	1～5	水	6～15	土	16～25	金	26～29	火
1960年	3月	1～6	火	7～16	月	17～26	木	27～31	水
	4月	1～5	水	6～15	土	16～25	金	26～30	火
	5月	1～5	火	6～15	月	16～25	木	26～31	水
	6月	1～4	水	5～14	土	15～24	金	25～30	火
	7月	1～4	火	5～14	月	15～24	木	25～31	水
	8月	1～3	水	4～13	土	14～23	金	24～31	火
	9月	1～2	火	3～12	月	13～22	木	23～30	水
子	10月	1～2	水	3～12	土	13～22	金	23～31	火
	11月	1	火	2～11	月	12～21	木	22～30	水
	12月	1	水	2～11	土	12～21	金	22～31	火
	1月	1～10	月	11～20	木	21～30	水	31	土
	2月	1～9	土	10～19	金	20～28	火		
1961年	3月	1	火	2～11	月	12～21	木	22～31	水
	4月	1～10	土	11～20	金	21～30	火		
	5月	1～10	月	11～20	木	21～30	水	31	土
	6月	1～9	土	10～19	金	20～29	火	30	月
	7月	1～9	月	10～19	木	20～29	水	30～31	土
	8月	1～8	土	9～18	金	19～28	火	29～31	月
	9月	1～7	月	8～17	木	18～27	水	28～30	土
丑	10月	1～7	土	8～17	金	18～27	火	28～31	月
	11月	1～6	月	7～16	木	17～26	水	27～30	土
	12月	1～6	土	7～16	金	17～26	火	27～31	月
	1月	1～5	月	6～15	木	16～25	水	26～31	土
	2月	1～4	土	5～14	金	15～24	火	25～28	月
1962年	3月	1～6	月	7～16	木	17～26	水	27～31	土
	4月	1～5	土	6～15	金	16～25	火	26～30	月
	5月	1～5	月	6～15	木	16～25	水	26～31	土
	6月	1～4	土	5～14	金	15～24	火	25～30	月
	7月	1～4	月	5～14	木	15～24	水	25～31	土
	8月	1～3	土	4～13	金	14～23	火	24～31	月
	9月	1～2	月	3～12	木	13～22	水	23～30	土
寅	10月	1～2	土	3～12	金	13～22	火	23～31	月
	11月	1	月	2～11	木	12～21	水	22～30	土
	12月	1	土	2～11	金	12～21	火	22～31	月

支配命一覧表

（1963年～1965年）

生　年	生月	生　日	支配命	生　日	支配命	生　日	支配命	生　日	支配命
	1月	1～10	木	11～20	水	21～30	土	31	金
	2月	1～9	金	10～19	火	20～28	月		
1963年	3月	1	月	2～11	木	12～21	水	22～31	土
	4月	1～10	金	11～20	火	21～30	月		
	5月	1～10	木	11～20	水	21～30	土	31	金
	6月	1～9	金	10～19	火	20～29	月	30	木
	7月	1～9	木	10～19	水	20～29	土	30～31	金
	8月	1～8	金	9～18	火	19～28	月	29～31	木
	9月	1～7	木	8～17	水	13～27	土	28～30	金
卯	10月	1～7	金	8～17	火	18～27	月	28～31	木
	11月	1～6	木	7～16	水	17～26	土	27～30	金
	12月	1～6	金	7～16	火	17～26	月	27～31	木
	1月	1～5	木	6～15	水	16～25	土	26～31	金
	2月	1～4	金	5～14	火	15～24	月	25～29	木
1964年	3月	1～5	木	6～15	水	16～25	土	26～31	金
	4月	1～4	金	5～14	火	15～24	月	25～30	木
	5月	1～4	木	5～14	水	15～24	土	25～31	金
	6月	1～3	金	4～13	火	14～23	月	24～30	木
	7月	1～3	木	4～13	水	14～23	土	24～31	金
	8月	1～2	金	3～12	火	13～22	月	23～31	木
	9月	1	木	2～11	水	12～21	土	22～30	金
辰	10月	1	金	2～11	火	12～21	月	22～31	木
	11月	1～10	水	11～20	土	21～30	金		
	12月	1～10	火	11～20	月	21～30	木	31	水
	1月	1～9	水	10～19	土	20～29	金	30～31	火
	2月	1～8	火	9～18	月	19～28	木		
1965年	3月	1～10	水	11～20	土	21～30	金	31	火
	4月	1～9	火	10～19	月	20～29	木	30	水
	5月	1～9	水	10～19	土	20～29	金	30～31	火
	6月	1～8	火	9～18	月	19～28	木	29～30	水
	7月	1～8	水	9～18	土	19～28	金	29～31	火
	8月	1～7	火	8～17	月	18～27	木	28～31	水
	9月	1～6	水	7～16	土	17～26	金	27～30	火
巳	10月	1～6	火	7～16	月	17～26	木	27～31	水
	11月	1～5	水	6～15	土	16～25	金	26～30	火
	12月	1～5	火	6～15	月	16～25	木	26～31	水

(1966年～1968年)

生　年	生月	生　日	支配命	生　日	支配命	生　日	支配命	生　日	支配命
	1月	1～4	水	5～14	土	15～24	金	25～31	火
1966年	2月	1～3	火	4～13	月	14～23	木	24～28	水
	3月	1～5	水	6～15	土	16～25	金	26～31	火
	4月	1～4	火	5～14	月	15～24	木	25～30	水
	5月	1～4	水	5～14	土	15～24	金	25～31	火
	6月	1～3	火	4～13	月	14～23	木	24～30	水
	7月	1～3	水	4～13	土	14～23	金	24～31	火
	8月	1～2	火	3～12	月	13～22	木	23～31	水
	9月	1	水	2～11	土	12～21	金	22～30	火
午	10月	1	火	2～11	月	12～21	木	22～31	水
	11月	1～10	土	11～20	金	21～30	火		
	12月	1～10	月	11～20	木	21～30	水	31	土
	1月	1～9	土	10～19	金	20～29	火	30～31	月
1967年	2月	1～8	月	9～18	木	19～28	水		
	3月	1～10	土	11～20	金	21～30	火	31	月
	4月	1～9	月	10～19	木	20～29	水	30	土
	5月	1～9	土	10～19	金	20～29	火	30～31	月
	6月	1～8	月	9～18	木	19～28	水	29～30	土
	7月	1～8	土	9～18	金	19～28	火	29～31	月
	8月	1～7	月	8～17	木	18～27	水	28～31	土
	9月	1～6	土	7～16	金	17～26	火	27～30	月
未	10月	1～6	月	7～16	木	17～26	水	27～31	土
	11月	1～5	土	6～15	金	16～25	火	26～30	月
	12月	1～5	月	6～15	木	16～25	水	26～31	土
	1月	1～4	土	5～14	金	15～24	火	25～31	月
1968年	2月	1～3	月	4～13	木	14～23	水	24～29	土
	3月	1～4	土	5～14	金	15～24	火	25～31	月
	4月	1～3	月	4～13	木	14～23	水	24～30	土
	5月	1～3	土	4～13	金	14～23	火	24～31	月
	6月	1～2	月	3～12	木	13～22	水	23～30	土
	7月	1～2	土	3～12	金	13～22	火	23～31	月
	8月	1	月	2～11	木	12～21	水	22～31	土
	9月	1～10	金	11～20	火	21～30	月		
申	10月	1～10	木	11～20	水	21～30	土	31	金
	11月	1～9	金	10～19	火	20～29	月	30	木
	12月	1～9	木	10～19	水	20～29	土	30～31	金

（1969年～1971年）

生　年	生月	生　日	支配命	生　日	支配命	生　日	支配命	生　日	支配命
	1月	1～8	金	9～18	火	19～28	月	29～31	木
1969年	2月	1～7	木	8～17	水	18～27	土	28	金
	3月	1～9	金	10～19	火	20～29	月	30～31	木
	4月	1～8	木	9～18	水	19～28	土	29～30	金
	5月	1～8	金	9～18	火	19～28	月	29～31	木
	6月	1～7	木	8～17	水	18～27	土	28～30	金
	7月	1～7	金	8～17	火	18～27	月	28～31	木
	8月	1～6	木	7～16	水	17～26	土	27～31	金
	9月	1～5	金	6～15	火	16～25	月	26～30	木
酉	10月	1～5	木	6～15	水	16～25	土	26～31	金
	11月	1～4	金	5～14	火	15～24	月	25～30	木
	12月	1～4	木	5～14	水	15～24	土	25～31	金
	1月	1～3	金	4～13	火	14～23	月	24～31	木
1970年	2月	1～2	木	3～12	水	13～22	土	23～28	金
	3月	1～4	金	5～14	火	15～24	月	25～31	木
	4月	1～3	木	4～13	水	14～23	土	24～30	金
	5月	1～3	金	4～13	火	14～23	月	24～31	木
	6月	1～2	木	3～12	水	13～22	土	23～30	金
	7月	1～2	金	3～12	火	13～22	月	23～31	木
	8月	1	木	2～11	水	12～21	土	22～31	金
	9月	1～10	火	11～20	月	21～30	木		
戌	10月	1～10	水	11～20	土	21～30	金	31	火
	11月	1～9	火	10～19	月	20～29	木	30	水
	12月	1～9	水	10～19	土	20～29	金	30～31	火
	1月	1～8	火	9～18	月	19～28	木	29～31	水
1971年	2月	1～7	水	8～17	土	18～27	金	28	火
	3月	1～9	火	10～19	月	20～29	木	30～31	水
	4月	1～8	水	9～18	土	19～28	金	29～30	火
	5月	1～8	火	9～18	月	19～28	木	29～31	水
	6月	1～7	水	8～17	土	18～27	金	28～30	火
	7月	1～7	火	8～17	月	18～27	木	28～31	水
	8月	1～6	水	7～16	土	17～26	金	27～31	火
	9月	1～5	火	6～15	月	16～25	木	26～30	水
亥	10月	1～5	水	6～15	土	16～25	金	26～31	火
	11月	1～4	火	5～14	月	15～24	木	25～30	水
	12月	1～4	水	5～14	土	15～24	金	25～31	火

(1972年～1974年)

生　年	生月	生　日	支配命	生　日	支配命	生　日	支配命	生　日	支配命
	1月	1～3	火	4～13	月	14～23	木	24～31	水
1972年	2月	1～2	水	3～12	土	13～22	金	23～29	火
	3月	1～3	火	4～13	月	14～23	木	24～31	水
	4月	1～2	水	3～12	土	13～22	金	23～30	火
	5月	1～2	火	3～12	月	13～22	木	23～31	水
	6月	1	水	2～11	土	12～21	金	22～30	火
	7月	1	火	2～11	月	12～21	木	22～31	水
	8月	1～10	土	11～20	金	21～30	火	31	月
	9月	1～9	月	10～19	木	20～29	水	30	土
子	10月	1～9	土	10～19	金	20～29	火	30～31	月
	11月	1～8	月	9～18	木	19～28	水	29～30	土
	12月	1～8	土	9～18	金	19～28	火	29～31	月
	1月	1～7	月	8～17	木	18～27	水	28～31	土
1973年	2月	1～6	土	7～16	金	17～26	火	27～28	月
	3月	1～8	月	9～18	木	19～28	水	29～31	土
	4月	1～7	土	8～17	金	18～27	火	28～30	月
	5月	1～7	月	8～17	木	18～27	水	28～31	土
	6月	1～6	土	7～16	金	17～26	火	27～30	月
	7月	1～6	月	7～16	木	17～26	水	27～31	土
	8月	1～5	土	6～15	金	16～25	火	26～31	月
	9月	1～4	月	5～14	木	15～24	水	25～30	土
丑	10月	1～4	土	5～14	金	15～24	火	25～31	月
	11月	1～3	月	4～13	木	14～23	水	24～30	土
	12月	1～3	土	4～13	金	14～23	火	24～31	月
	1月	1～2	月	3～12	木	13～22	水	23～31	土
1974年	2月	1	土	2～11	金	12～21	火	22～28	月
	3月	1～3	月	4～13	木	14～23	水	24～31	土
	4月	1～2	土	3～12	金	13～22	火	23～30	月
	5月	1～2	月	3～12	木	13～22	水	23～31	土
	6月	1	土	2～11	金	12～21	火	22～30	月
	7月	1	月	2～11	木	12～21	水	22～31	土
	8月	1～10	金	11～20	火	21～30	月	31	木
	9月	1～9	木	10～19	水	20～29	土	30	金
寅	10月	1～9	金	10～19	火	20～29	月	30～31	木
	11月	1～8	木	9～18	水	19～28	土	29～30	金
	12月	1～8	金	9～18	火	19～28	月	29～31	木

支配命一覽表

(1975年～1977年)

生　年	生月	生　日	支配命	生　日	支配命	生　日	支配命	生　日	支配命
1975年 卯	1月	1～7	木	8～17	水	18～27	土	28～31	金
	2月	1～6	金	7～16	火	17～26	月	27～28	木
	3月	1～8	木	9～18	水	19～28	土	29～31	金
	4月	1～7	金	8～17	火	18～27	月	28～30	木
	5月	1～7	木	8～17	水	18～27	土	28～31	金
	6月	1～6	金	7～16	火	17～26	月	27～30	木
	7月	1～6	木	7～16	水	17～26	土	27～31	金
	8月	1～5	金	6～15	火	16～25	月	26～31	木
	9月	1～4	木	5～14	水	15～24	土	25～30	金
	10月	1～4	金	5～14	火	15～24	月	25～31	木
	11月	1～3	木	4～13	水	14～23	土	24～30	金
	12月	1～3	金	4～13	火	14～23	月	24～31	木
1976年 辰	1月	1～2	木	3～12	水	13～22	土	23～31	金
	2月	1	金	2～11	火	12～21	月	22～29	木
	3月	1～2	木	3～12	水	13～22	土	23～31	金
	4月	1	金	2～11	火	12～21	月	22～30	木
	5月	1	木	2～11	水	12～21	土	22～31	金
	6月	1～10	火	11～20	月	21～30	木		
	7月	1～10	水	11～20	土	21～30	金	31	火
	8月	1～9	火	10～19	月	20～29	木	30～31	水
	9月	1～8	水	9～18	土	19～28	金	29～30	火
	10月	1～8	火	9～18	月	19～28	木	29～31	水
	11月	1～7	水	8～17	土	18～27	金	28～30	火
	12月	1～7	火	8～17	月	18～27	木	28～31	水
1977年 巳	1月	1～6	水	7～16	土	17～26	金	27～31	火
	2月	1～5	火	6～15	月	16～25	木	26～28	水
	3月	1～7	水	8～17	土	18～27	金	28～31	火
	4月	1～6	火	7～16	月	17～26	木	27～30	水
	5月	1～6	水	7～16	土	17～26	金	27～31	火
	6月	1～5	火	6～15	月	16～25	木	26～30	水
	7月	1～5	水	6～15	土	16～25	金	26～31	火
	8月	1～4	火	5～14	月	15～24	木	25～31	水
	9月	1～3	水	4～13	土	14～23	金	24～30	火
	10月	1～3	火	4～13	月	14～23	木	24～31	水
	11月	1～2	水	3～12	土	13～22	金	23～30	火
	12月	1～2	火	3～12	月	13～22	木	23～31	水

(1978年～1980年)

生　年	生月	生　日	支配命	生　日	支配命	生　日	支配命	生　日	支配命
	1月	1	水	2～11	土	12～21	金	22～31	火
	2月	1～10	月	11～20	木	21～28	木		
1978年	3月	1～2	水	3～12	土	13～22	金	23～31	火
	4月	1	火	2～11	月	12～21	木	22～30	水
	5月	1	水	2～11	土	12～21	金	22～31	火
	6月	1～10	月	11～20	木	21～30	水		
	7月	1～10	土	11～20	金	21～30	火	31	月
	8月	1～9	月	10～19	木	20～29	水	30～31	土
	9月	1～8	土	9～18	金	19～28	火	29～30	月
午	10月	1～8	月	9～18	木	19～28	水	29～31	土
	11月	1～7	土	8～17	金	18～27	火	28～30	月
	12月	1～7	月	8～17	木	18～27	水	28～31	土
	1月	1～6	土	7～16	金	17～26	火	27～31	月
	2月	1～5	月	6～15	木	16～25	水	26～28	土
1979年	3月	1～7	土	8～17	金	18～27	火	28～31	月
	4月	1～6	月	7～16	木	17～26	水	27～30	土
	5月	1～6	土	7～16	金	17～26	火	27～31	月
	6月	1～5	月	6～15	木	16～25	水	26～30	土
	7月	1～5	土	6～15	金	16～25	火	26～31	月
	8月	1～4	月	5～14	木	15～24	水	25～31	土
	9月	1～3	土	4～13	金	14～23	火	24～30	月
未	10月	1～3	月	4～13	木	14～23	水	24～31	土
	11月	1～2	土	3～12	金	13～22	火	23～30	月
	12月	1～2	月	3～12	木	13～22	水	23～31	土
	1月	1	土	2～11	金	12～21	火	22～31	月
	2月	1～10	木	11～20	水	21～29	土		
1980年	3月	1	土	2～11	金	12～21	火	22～31	月
	4月	1～10	木	11～20	水	21～30	土		
	5月	1～10	金	11～20	火	21～30	月	31	木
	6月	1～9	木	10～19	水	20～29	土	30	金
	7月	1～9	金	10～19	火	20～29	月	30～31	木
	8月	1～8	木	9～18	水	19～28	土	29～31	金
	9月	1～7	金	8～17	火	18～27	月	28～30	木
申	10月	1～7	木	8～17	水	18～27	土	28～31	金
	11月	1～6	金	7～16	火	17～26	月	27～30	木
	12月	1～6	木	7～16	水	17～26	土	27～31	金

(1981年～1983年)

生　年	生月	生　日	支配命	生　日	支配命	生　日	支配命	生　日	支配命
1981年	1月	1～5	金	6～15	火	16～25	月	26～31	木
	2月	1～4	木	5～14	水	15～24	土	25～28	金
	3月	1～6	金	7～16	火	17～26	月	27～31	木
	4月	1～5	木	6～15	水	16～25	土	26～30	金
	5月	1～5	金	6～15	火	16～25	月	26～31	木
	6月	1～4	木	5～14	水	15～24	土	25～30	金
	7月	1～4	金	5～14	火	15～24	月	25～31	木
	8月	1～3	木	4～13	水	14～23	土	24～31	金
	9月	1～2	金	3～12	火	13～22	月	23～30	木
酉	10月	1～2	木	3～12	水	13～22	土	23～31	金
	11月	1	金	2～11	火	12～21	月	22～30	木
	12月	1	木	2～11	水	12～21	土	22～31	金
1982年	1月	1～10	火	11～20	月	21～30	木	31	水
	2月	1～9	水	10～19	土	20～28	金		
	3月	1	金	2～11	火	12～21	月	22～31	木
	4月	1～10	水	11～20	土	21～30	金		
	5月	1～10	火	11～20	月	21～30	木	31	水
	6月	1～9	水	10～19	土	20～29	金	30	火
	7月	1～9	火	10～19	月	20～29	木	30～31	水
	8月	1～8	水	9～18	土	19～28	金	29～31	火
	9月	1～7	火	8～17	月	18～27	木	28～30	水
戌	10月	1～7	水	8～17	土	18～27	金	28～31	火
	11月	1～6	火	7～16	月	17～26	木	27～30	水
	12月	1～6	水	7～16	土	17～26	金	27～31	火
1983年	1月	1～5	火	6～15	月	16～25	木	26～31	水
	2月	1～4	水	5～14	土	15～24	金	25～28	火
	3月	1～6	火	7～16	月	17～26	木	27～31	水
	4月	1～5	水	6～15	土	16～25	金	26～30	火
	5月	1～5	火	6～15	月	16～25	木	26～31	水
	6月	1～4	水	5～14	土	15～24	金	25～30	火
	7月	1～4	火	5～14	月	15～24	木	25～31	水
	8月	1～3	水	4～13	土	14～23	金	24～31	火
	9月	1～2	火	3～12	月	13～22	木	23～30	水
亥	10月	1～2	水	3～12	土	13～22	金	23～31	火
	11月	1	火	2～11	月	12～21	木	22～30	水
	12月	1	水	2～11	土	12～21	金	22～31	火

(1984年～1986年)

生　年	生月	生　日	支配命	生　日	支配命	生　日	支配命	生　日	支配命
	1月	1～10	月	11～20	木	21～30	水	31	土
	2月	1～9	土	10～19	金	20～29	火		
1984年	3月	1～10	月	11～20	木	21～30	水	31	土
	4月	1～9	土	10～19	金	20～29	火	30	月
	5月	1～9	月	10～19	木	20～29	水	30～31	土
	6月	1～8	土	9～18	金	19～28	火	29～30	月
	7月	1～8	月	9～18	木	19～28	水	29～31	土
	8月	1～7	土	8～17	金	18～27	火	28～31	月
	9月	1～6	月	7～16	木	17～26	水	27～30	土
子	10月	1～6	土	7～16	金	17～26	火	27～31	月
	11月	1～5	月	6～15	木	16～25	水	26～30	土
	12月	1～5	土	6～15	金	16～25	火	26～31	月
	1月	1～4	月	5～14	木	15～24	水	25～31	土
	2月	1～3	土	4～13	金	14～23	火	24～28	月
1985年	3月	1～5	月	6～15	木	16～25	水	26～31	土
	4月	1～4	土	5～14	金	15～24	火	25～30	月
	5月	1～4	月	5～14	木	15～24	水	25～31	土
	6月	1～3	土	4～13	金	14～23	火	24～30	月
	7月	1～3	月	4～13	木	14～23	水	24～31	土
	8月	1～2	土	3～12	金	13～22	火	23～31	月
	9月	1	月	2～11	木	12～21	水	22～30	土
丑	10月	1	土	2～11	金	12～21	火	22～31	月
	11月	1～10	木	11～20	水	21～30	土		
	12月	1～10	金	11～20	火	21～20	月	31	木
	1月	1～9	木	10～19	水	20～29	土	30～31	金
	2月	1～8	金	9～18	火	19～28	月		
1986年	3月	1～10	木	11～20	水	21～30	土	31	金
	4月	1～9	金	10～19	火	20～29	月	30	木
	5月	1～9	木	10～19	水	20～29	土	30～31	金
	6月	1～8	金	9～18	火	19～28	月	29～30	木
	7月	1～8	木	9～18	水	19～28	土	29～31	金
	8月	1～7	金	8～17	火	18～27	月	28～31	木
	9月	1～6	木	7～16	水	17～26	土	27～30	金
寅	10月	1～6	金	7～16	火	17～26	月	27～31	木
	11月	1～5	木	6～15	水	16～25	土	26～30	金
	12月	1～5	金	6～15	火	16～25	月	26～31	木

（1987年～1989年）

生　年	生月	生　日	支配命	生　日	支配命	生　日	支配命	生　日	支配命
	1月	1～4	木	5～14	水	15～24	土	25～31	金
	2月	1～3	金	4～13	火	14～23	月	24～28	木
1987年	3月	1～5	木	6～15	水	16～25	土	26～31	金
	4月	1～4	金	5～14	火	15～24	月	25～30	木
	5月	1～4	木	5～14	水	15～24	土	25～31	金
	6月	1～3	金	4～13	火	14～23	月	24～30	木
	7月	1～3	木	4～13	水	14～23	土	24～31	金
	8月	1～2	金	3～12	火	13～22	月	23～31	木
	9月	1	木	2～11	水	12～21	土	22～30	金
卯	10月	1	金	2～11	火	12～21	月	22～31	木
	11月	1～10	水	11～20	土	21～30	金		
	12月	1～10	火	11～20	月	21～30	木	31	水
	1月	1～9	水	10～19	土	20～29	金	30～31	火
	2月	1～8	火	9～18	月	19～28	木	29	水
1988年	3月	1～9	水	10～19	土	20～29	金	30～31	火
	4月	1～8	火	9～18	月	19～28	木	29～30	水
	5月	1～8	水	9～18	土	19～28	金	29～31	火
	6月	1～7	火	8～17	月	18～27	木	28～30	水
	7月	1～7	水	8～17	土	18～27	金	28～31	火
	8月	1～6	火	7～16	月	17～26	木	27～31	水
	9月	1～5	水	6～15	土	16～25	金	26～30	火
辰	10月	1～5	火	6～15	月	16～25	木	26～31	水
	11月	1～4	水	5～14	土	15～24	金	25～30	火
	12月	1～4	火	5～14	月	15～24	木	25～31	水
	1月	1～3	水	4～13	土	14～23	金	24～31	火
	2月	1～2	火	3～12	月	13～22	木	23～28	水
1989年	3月	1～4	水	5～14	土	15～24	金	25～31	火
	4月	1～3	火	4～13	月	14～23	木	24～30	水
	5月	1～3	水	4～13	土	14～23	金	24～31	火
	6月	1～2	火	3～12	月	13～22	木	23～30	水
	7月	1～2	水	3～12	土	13～22	金	23～31	火
	8月	1	火	2～11	月	12～21	木	22～31	水
	9月	1～10	土	11～20	金	21～30	火		
巳	10月	1～10	月	11～20	木	21～30	水	31	土
	11月	1～9	土	10～19	金	20～29	火	30	月
	12月	1～9	月	10～19	木	20～29	水	30～31	土

（1990年～1992年）

生　年	生月	生　日	支配命	生　日	支配命	生　日	支配命	生　日	支配命
	1月	1～8	土	9～18	金	19～28	火	29～31	月
1990年	2月	1～7	月	8～17	木	18～27	水	28	土
	3月	1～9	土	10～19	金	20～29	火	30～31	月
	4月	1～8	月	9～18	木	19～28	水	29～30	土
	5月	1～8	土	9～18	金	19～28	火	29～31	月
	6月	1～7	月	8～17	木	18～27	水	28～30	土
	7月	1～7	土	8～17	金	18～27	火	28～31	月
	8月	1～6	月	7～16	木	17～26	水	27～31	土
	9月	1～5	土	6～15	金	16～25	火	26～30	月
午	10月	1～5	月	6～15	木	16～25	水	26～31	土
	11月	1～4	土	5～14	金	15～24	火	25～30	月
	12月	1～4	月	5～14	木	15～24	水	25～31	土
	1月	1～3	土	4～13	金	14～23	火	24～31	月
1991年	2月	1～2	月	3～12	木	13～22	水	23～28	土
	3月	1～4	土	5～14	金	15～24	火	25～31	月
	4月	1～3	月	4～13	木	14～23	水	24～30	土
	5月	1～3	土	4～13	金	14～23	火	24～31	月
	6月	1～2	月	3～12	木	13～22	水	23～30	土
	7月	1～2	土	3～12	金	13～22	火	23～31	月
	8月	1	月	2～11	木	12～21	水	22～31	土
	9月	1～10	金	11～20	火	21～30	月		
未	10月	1～10	木	11～20	水	21～30	土	31	金
	11月	1～9	金	10～19	火	20～29	月	30	木
	12月	1～9	木	10～19	水	20～29	土	30～31	金
	1月	1～8	金	9～18	火	19～28	月	29～31	木
1992年	2月	1～7	木	8～17	水	18～27	土	28～29	金
	3月	1～8	金	9～18	火	19～28	月	29～31	木
	4月	1～7	木	8～17	水	18～27	土	28～30	金
	5月	1～7	金	8～17	火	18～27	月	28～31	木
	6月	1～6	木	7～16	水	17～26	土	27～30	金
	7月	1～6	金	7～16	火	17～26	月	27～31	木
	8月	1～5	木	6～15	水	16～25	土	26～31	金
	9月	1～4	金	5～14	火	15～24	月	25～30	木
申	10月	1～4	木	5～14	水	15～24	土	25～31	金
	11月	1～3	金	4～13	火	14～23	月	24～30	木
	12月	1～3	木	4～13	水	14～23	土	24～31	金

大展出版社有限公司	圖書目錄
地址：台北市北投區11204 致遠一路二段12巷1號 郵撥： 0166955～1	電話：(02) 8236031 8236033 傳眞：(02) 8272069

•法律專欄連載• 電腦編號 58

台大法學院 法律學系／策劃
法律服務社／編著

①別讓您的權利睡著了1	200元
②別讓您的權利睡著了2	200元

•秘傳占卜系列• 電腦編號 14

①手相術	淺野八郎著	150元
②人相術	淺野八郎著	150元
③西洋占星術	淺野八郎著	150元
④中國神奇占卜	淺野八郎著	150元
⑤夢判斷	淺野八郎著	150元
⑥前世、來世占卜	淺野八郎著	150元
⑦法國式血型學	淺野八郎著	150元
⑧靈感、符咒學	淺野八郎著	150元
⑨紙牌占卜學	淺野八郎著	150元
⑩ＥＳＰ超能力占卜	淺野八郎著	150元
⑪猶太數的秘術	淺野八郎著	150元
⑫新心理測驗	淺野八郎著	160元

•趣味心理講座• 電腦編號 15

①性格測驗１	探索男與女	淺野八郎著	140元
②性格測驗２	透視人心奧秘	淺野八郎著	140元
③性格測驗３	發現陌生的自己	淺野八郎著	140元
④性格測驗４	發現你的真面目	淺野八郎著	140元
⑤性格測驗５	讓你們吃驚	淺野八郎著	140元
⑥性格測驗６	洞穿心理盲點	淺野八郎著	140元
⑦性格測驗７	探索對方心理	淺野八郎著	140元
⑧性格測驗８	由吃認識自己	淺野八郎著	140元
⑨性格測驗９	戀愛知多少	淺野八郎著	160元

⑩性格測驗10　由裝扮瞭解人心　淺野八郎著　140元
⑪性格測驗11　敲開內心玄機　淺野八郎著　140元
⑫性格測驗12　透視你的未來　淺野八郎著　140元
⑬血型與你的一生　淺野八郎著　160元
⑭趣味推理遊戲　淺野八郎著　160元
⑮行爲語言解析　淺野八郎著　160元

•婦 幼 天 地• 電腦編號 16

①八萬人減肥成果　黃靜香譯　180元
②三分鐘減肥體操　楊鴻儒譯　150元
③窈窕淑女美髮秘訣　柯素娥譯　130元
④使妳更迷人　成　玉譯　130元
⑤女性的更年期　官舒妍編譯　160元
⑥胎內育兒法　李玉瓊編譯　150元
⑦早產兒袋鼠式護理　唐岱蘭譯　200元
⑧初次懷孕與生產　婦幼天地編譯組　180元
⑨初次育兒12個月　婦幼天地編譯組　180元
⑩斷乳食與幼兒食　婦幼天地編譯組　180元
⑪培養幼兒能力與性向　婦幼天地編譯組　180元
⑫培養幼兒創造力的玩具與遊戲　婦幼天地編譯組　180元
⑬幼兒的症狀與疾病　婦幼天地編譯組　180元
⑭腿部苗條健美法　婦幼天地編譯組　180元
⑮女性腰痛別忽視　婦幼天地編譯組　150元
⑯舒展身心體操術　李玉瓊編譯　130元
⑰三分鐘臉部體操　趙薇妮著　160元
⑱生動的笑容表情術　趙薇妮著　160元
⑲心曠神怡減肥法　川津祐介著　130元
⑳內衣使妳更美麗　陳玄茹譯　130元
㉑瑜伽美姿美容　黃靜香編著　150元
㉒高雅女性裝扮學　陳珮玲譯　180元
㉓蠶糞肌膚美顏法　坂梨秀子著　160元
㉔認識妳的身體　李玉瓊譯　160元
㉕產後恢復苗條體態　居理安•芙萊喬著　200元
㉖正確護髮美容法　山崎伊久江著　180元
㉗安琪拉美姿養生學　安琪拉蘭斯博瑞著　180元
㉘女體性醫學剖析　增田豐著　220元
㉙懷孕與生產剖析　岡部綾子著　180元
㉚斷奶後的健康育兒　東城百合子著　220元
㉛引出孩子幹勁的責罵藝術　多湖輝著　170元
㉜培養孩子獨立的藝術　多湖輝著　170元

㉝子宮肌瘤與卵巢囊腫	陳秀琳編著	180元
㉞下半身減肥法	納他夏・史達賓著	180元
㉟女性自然美容法	吳雅菁編著	180元
㊱再也不發胖	池園悅太郎著	170元
㊲生男生女控制術	中垣勝裕著	220元
㊳使妳的肌膚更亮麗	楊　皓編著	170元

・青春天地・電腦編號 17

①A血型與星座	柯素娥編譯	120元
②B血型與星座	柯素娥編譯	120元
③O血型與星座	柯素娥編譯	120元
④AB血型與星座	柯素娥編譯	120元
⑤青春期性教室	呂貴嵐編譯	130元
⑥事半功倍讀書法	王毅希編譯	150元
⑦難解數學破題	宋釗宜編譯	130元
⑧速算解題技巧	宋釗宜編譯	130元
⑨小論文寫作秘訣	林顯茂編譯	120元
⑪中學生野外遊戲	熊谷康編著	120元
⑫恐怖極短篇	柯素娥編譯	130元
⑬恐怖夜話	小毛驢編譯	130元
⑭恐怖幽默短篇	小毛驢編譯	120元
⑮黑色幽默短篇	小毛驢編譯	120元
⑯靈異怪談	小毛驢編譯	130元
⑰錯覺遊戲	小毛驢編譯	130元
⑱整人遊戲	小毛驢編著	150元
⑲有趣的超常識	柯素娥編譯	130元
⑳哦！原來如此	林慶旺編譯	130元
㉑趣味競賽100種	劉名揚編譯	120元
㉒數學謎題入門	宋釗宜編譯	150元
㉓數學謎題解析	宋釗宜編譯	150元
㉔透視男女心理	林慶旺編譯	120元
㉕少女情懷的自白	李桂蘭編譯	120元
㉖由兄弟姊妹看命運	李玉瓊編譯	130元
㉗趣味的科學魔術	林慶旺編譯	150元
㉘趣味的心理實驗室	李燕玲編譯	150元
㉙愛與性心理測驗	小毛驢編譯	130元
㉚刑案推理解謎	小毛驢編譯	130元
㉛偵探常識推理	小毛驢編譯	130元
㉜偵探常識解謎	小毛驢編譯	130元
㉝偵探推理遊戲	小毛驢編譯	130元

㉞趣味的超魔術	廖玉山編著	150元
㉟趣味的珍奇發明	柯素娥編著	150元
㊱登山用具與技巧	陳瑞菊編著	150元

・健康天地・電腦編號18

①壓力的預防與治療	柯素娥編譯	130元
②超科學氣的魔力	柯素娥編譯	130元
③尿療法治病的神奇	中尾良一著	130元
④鐵證如山的尿療法奇蹟	廖玉山譯	120元
⑤一日斷食健康法	葉慈容編譯	150元
⑥胃部強健法	陳炳崑譯	120元
⑦癌症早期檢查法	廖松濤譯	160元
⑧老人痴呆症防止法	柯素娥編譯	130元
⑨松葉汁健康飲料	陳麗芬編譯	130元
⑩揉肚臍健康法	永井秋夫著	150元
⑪過勞死、猝死的預防	卓秀貞編譯	130元
⑫高血壓治療與飲食	藤山順豐著	150元
⑬老人看護指南	柯素娥編譯	150元
⑭美容外科淺談	楊啟宏著	150元
⑮美容外科新境界	楊啟宏著	150元
⑯鹽是天然的醫生	西英司郎著	140元
⑰年輕十歲不是夢	梁瑞麟譯	200元
⑱茶料理治百病	桑野和民著	180元
⑲綠茶治病寶典	桑野和民著	150元
⑳杜仲茶養顏減肥法	西田博著	150元
㉑蜂膠驚人療效	瀨長良三郎著	150元
㉒蜂膠治百病	瀨長良三郎著	180元
㉓醫藥與生活	鄭炳全著	180元
㉔鈣長生寶典	落合敏著	180元
㉕大蒜長生寶典	木下繁太郎著	160元
㉖居家自我健康檢查	石川恭三著	160元
㉗永恒的健康人生	李秀鈴譯	200元
㉘大豆卵磷脂長生寶典	劉雪卿譯	150元
㉙芳香療法	梁艾琳譯	160元
㉚醋長生寶典	柯素娥譯	180元
㉛從星座透視健康	席拉・吉蒂斯著	180元
㉜愉悅自在保健學	野本二士夫著	160元
㉝裸睡健康法	丸山淳士等著	160元
㉞糖尿病預防與治療	藤田順豐著	180元
㉟維他命長生寶典	菅原明子著	180元

㊱維他命C新效果	鐘文訓編	150元
㊲手、腳病理按摩	堤芳朗著	160元
㊳AIDS瞭解與預防	彼得塔歇爾著	180元
㊴甲殼質殼聚糖健康法	沈永嘉譯	160元
㊵神經痛預防與治療	木下眞男著	160元
㊶室內身體鍛鍊法	陳炳崑編著	160元
㊷吃出健康藥膳	劉大器編著	180元
㊸自我指壓術	蘇燕謀編著	160元
㊹紅蘿蔔汁斷食療法	李玉瓊編著	150元
㊺洗心術健康秘法	竺翠萍編譯	170元
㊻枇杷葉健康療法	柯素娥編譯	180元
㊼抗衰血癒	楊啟宏著	180元
㊽與癌搏鬥記	逸見政孝著	180元
㊾冬蟲夏草長生寶典	高橋義博著	170元
㊿痔瘡・大腸疾病先端療法	宮島伸宜著	180元
51膠布治癒頑固慢性病	加瀨建造著	180元
52芝麻神奇健康法	小林貞作著	170元
53香煙能防止癡呆？	高田明和著	180元
54穀菜食治癌療法	佐藤成志著	180元
55貼藥健康法	松原英多著	180元
56克服癌症調和道呼吸法	帶津良一著	180元
57Ｂ型肝炎預防與治療	野村喜重郎著	180元
58青春永駐養生導引術	早島正雄著	180元
59改變呼吸法創造健康	原久子著	180元
60荷爾蒙平衡養生秘訣	出村博著	180元
61水美肌健康法	井戶勝富著	170元
62認識食物掌握健康	廖梅珠編著	170元
63痛風劇痛消除法	鈴木吉彥著	180元
64酸莖菌驚人療效	上田明彥著	180元
65大豆卵磷脂治現代病	神津健一著	200元
66時辰療法——危險時刻凌晨4時	呂建強等著	元
67自然治癒力提升法	帶津良一著	元
68巧妙的氣保健法	藤平墨子著	元

・實用女性學講座・電腦編號 19

①解讀女性內心世界	島田一男著	150元
②塑造成熟的女性	島田一男著	150元
③女性整體裝扮學	黃靜香編著	180元
④女性應對禮儀	黃靜香編著	180元

・校 園 系 列・電腦編號20

①讀書集中術	多湖輝著	150元
②應考的訣竅	多湖輝著	150元
③輕鬆讀書贏得聯考	多湖輝著	150元
④讀書記憶秘訣	多湖輝著	150元
⑤視力恢復！超速讀術	江錦雲譯	180元
⑥讀書36計	黃柏松編著	180元
⑦驚人的速讀術	鐘文訓編著	170元
⑧學生課業輔導良方	多湖輝著	170元

・實用心理學講座・電腦編號21

①拆穿欺騙伎倆	多湖輝著	140元
②創造好構想	多湖輝著	140元
③面對面心理術	多湖輝著	160元
④偽裝心理術	多湖輝著	140元
⑤透視人性弱點	多湖輝著	140元
⑥自我表現術	多湖輝著	150元
⑦不可思議的人性心理	多湖輝著	150元
⑧催眠術入門	多湖輝著	150元
⑨責罵部屬的藝術	多湖輝著	150元
⑩精神力	多湖輝著	150元
⑪厚黑說服術	多湖輝著	150元
⑫集中力	多湖輝著	150元
⑬構想力	多湖輝著	150元
⑭深層心理術	多湖輝著	160元
⑮深層語言術	多湖輝著	160元
⑯深層說服術	多湖輝著	180元
⑰掌握潛在心理	多湖輝著	160元
⑱洞悉心理陷阱	多湖輝著	180元
⑲解讀金錢心理	多湖輝著	180元
⑳拆穿語言圈套	多湖輝著	180元
㉑語言的心理戰	多湖輝著	180元

・超現實心理講座・電腦編號22

①超意識覺醒法	詹蔚芬編譯	130元
②護摩秘法與人生	劉名揚編譯	130元
③秘法！超級仙術入門	陸　明譯	150元

④給地球人的訊息	柯素娥編著	150元
⑤密教的神通力	劉名揚編著	130元
⑥神秘奇妙的世界	平川陽一著	180元
⑦地球文明的超革命	吳秋嬌譯	200元
⑧力量石的秘密	吳秋嬌譯	180元
⑨超能力的靈異世界	馬小莉譯	200元
⑩逃離地球毀滅的命運	吳秋嬌譯	200元
⑪宇宙與地球終結之謎	南山宏著	200元
⑫驚世奇功揭秘	傅起鳳著	200元
⑬啟發身心潛力心象訓練法	栗田昌裕著	180元
⑭仙道術遁甲法	高藤聰一郎著	220元
⑮神通力的秘密	中岡俊哉著	180元
⑯仙人成仙術	高藤聰一郎著	200元
⑰仙道符咒氣功法	高藤聰一郎著	220元
⑱仙道風水術尋龍法	高藤聰一郎著	200元
⑲仙道奇蹟超幻像	高藤聰一郎著	200元
⑳仙道鍊金術房中法	高藤聰一郎著	200元

•養 生 保 健• 電腦編號 23

①醫療養生氣功	黃孝寬著	250元
②中國氣功圖譜	余功保著	230元
③少林醫療氣功精粹	井玉蘭著	250元
④龍形實用氣功	吳大才等著	220元
⑤魚戲增視強身氣功	宮　嬰著	220元
⑥嚴新氣功	前新培金著	250元
⑦道家玄牝氣功	張　章著	200元
⑧仙家秘傳袪病功	李遠國著	160元
⑨少林十大健身功	秦慶豐著	180元
⑩中國自控氣功	張明武著	250元
⑪醫療防癌氣功	黃孝寬著	250元
⑫醫療強身氣功	黃孝寬著	250元
⑬醫療點穴氣功	黃孝寬著	250元
⑭中國八卦如意功	趙維漢著	180元
⑮正宗馬禮堂養氣功	馬禮堂著	420元
⑯秘傳道家筋經內丹功	王慶餘著	280元
⑰三元開慧功	辛桂林著	250元
⑱防癌治癌新氣功	郭　林著	180元
⑲禪定與佛家氣功修煉	劉天君著	200元
⑳顛倒之術	梅自強著	360元
㉑簡明氣功辭典	吳家駿編	元

㉒八卦三合功	張全亮著	230元

・社會人智囊・電腦編號24

①糾紛談判術	清水增三著	160元
②創造關鍵術	淺野八郎著	150元
③觀人術	淺野八郎著	180元
④應急詭辯術	廖英迪編著	160元
⑤天才家學習術	木原武一著	160元
⑥猫型狗式鑑人術	淺野八郎著	180元
⑦逆轉運掌握術	淺野八郎著	180元
⑧人際圓融術	澀谷昌三著	160元
⑨解讀人心術	淺野八郎著	180元
⑩與上司水乳交融術	秋元隆司著	180元
⑪男女心態定律	小田晉著	180元
⑫幽默說話術	林振輝編著	200元
⑬人能信賴幾分	淺野八郎著	180元
⑭我一定能成功	李玉瓊譯	180元
⑮獻給青年的嘉言	陳蒼杰譯	180元
⑯知人、知面、知其心	林振輝編著	180元
⑰塑造堅強的個性	坂上肇著	180元
⑱為自己而活	佐藤綾子著	180元
⑲未來十年與愉快生活有約	船井幸雄著	180元

・精選系列・電腦編號25

①毛澤東與鄧小平	渡邊利夫等著	280元
②中國大崩裂	江戶介雄著	180元
③台灣・亞洲奇蹟	上村幸治著	220元
④7-ELEVEN高盈收策略	國友隆一著	180元
⑤台灣獨立	森　詠著	200元
⑥迷失中國的末路	江戶雄介著	220元
⑦2000年5月全世界毀滅	紫藤甲子男著	180元
⑧失去鄧小平的中國	小島朋之著	220元

・運動遊戲・電腦編號26

①雙人運動	李玉瓊譯	160元
②愉快的跳繩運動	廖玉山譯	180元
③運動會項目精選	王佑京譯	150元
④肋木運動	廖玉山譯	150元

⑤測力運動	王佑宗譯	150元

•休閒娛樂•電腦編號27

①海水魚飼養法	田中智浩著	300元
②金魚飼養法	曾雪玫譯	250元

•銀髮族智慧學•電腦編號28

①銀髮六十樂逍遙	多湖輝著	170元
②人生六十反年輕	多湖輝著	170元
③六十歲的決斷	多湖輝著	170元

•飲食保健•電腦編號29

①自己製作健康茶	大海淳著	220元
②好吃、具藥效茶料理	德永睦子著	220元
③改善慢性病健康茶	吳秋嬌譯	200元

•家庭醫學保健•電腦編號30

①女性醫學大全	雨森良彥著	380元
②初爲人父育兒寶典	小瀧周曹著	220元
③性活力強健法	相建華著	200元
④30歲以上的懷孕與生產	李芳黛編著	元

•心靈雅集•電腦編號00

①禪言佛語看人生	松濤弘道著	180元
②禪密教的奧秘	葉逯謙譯	120元
③觀音大法力	田口日勝著	120元
④觀音法力的大功德	田口日勝著	120元
⑤達摩禪106智慧	劉華亭編譯	220元
⑥有趣的佛教研究	葉逯謙編譯	170元
⑦夢的開運法	蕭京凌譯	130元
⑧禪學智慧	柯素娥編譯	130元
⑨女性佛教入門	許俐萍譯	110元
⑩佛像小百科	心靈雅集編譯組	130元
⑪佛教小百科趣談	心靈雅集編譯組	120元
⑫佛教小百科漫談	心靈雅集編譯組	150元
⑬佛教知識小百科	心靈雅集編譯組	150元

⑭佛學名言智慧	松濤弘道著	220元
⑮釋迦名言智慧	松濤弘道著	220元
⑯活人禪	平田精耕著	120元
⑰坐禪入門	柯素娥編譯	150元
⑱現代禪悟	柯素娥編譯	130元
⑲道元禪師語錄	心靈雅集編譯組	130元
⑳佛學經典指南	心靈雅集編譯組	130元
㉑何謂「生」　阿含經	心靈雅集編譯組	150元
㉒一切皆空　般若心經	心靈雅集編譯組	150元
㉓超越迷惘　法句經	心靈雅集編譯組	130元
㉔開拓宇宙觀　華嚴經	心靈雅集編譯組	130元
㉕真實之道　法華經	心靈雅集編譯組	130元
㉖自由自在　涅槃經	心靈雅集編譯組	130元
㉗沈默的教示　維摩經	心靈雅集編譯組	150元
㉘開通心眼　佛語佛戒	心靈雅集編譯組	130元
㉙揭秘寶庫　密教經典	心靈雅集編譯組	130元
㉚坐禪與養生	廖松濤譯	110元
㉛釋尊十戒	柯素娥編譯	120元
㉜佛法與神通	劉欣如編著	120元
㉝悟（正法眼藏的世界）	柯素娥編譯	120元
㉞只管打坐	劉欣如編著	120元
㉟喬答摩・佛陀傳	劉欣如編著	120元
㊱唐玄奘留學記	劉欣如編著	120元
㊲佛教的人生觀	劉欣如編譯	110元
㊳無門關（上卷）	心靈雅集編譯組	150元
㊴無門關（下卷）	心靈雅集編譯組	150元
㊵業的思想	劉欣如編著	130元
㊶佛法難學嗎	劉欣如著	140元
㊷佛法實用嗎	劉欣如著	140元
㊸佛法殊勝嗎	劉欣如著	140元
㊹因果報應法則	李常傳編	140元
㊺佛教醫學的奧秘	劉欣如編著	150元
㊻紅塵絕唱	海　若著	130元
㊼佛教生活風情	洪丕謨、姜玉珍著	220元
㊽行住坐臥有佛法	劉欣如著	160元
㊾起心動念是佛法	劉欣如著	160元
㊿四字禪語	曹洞宗青年會	200元
51妙法蓮華經	劉欣如編著	160元
52根本佛教與大乘佛教	葉作森編	180元
53大乘佛經	定方晟著	180元
54須彌山與極樂世界	定方晟著	180元

㊺阿闍世的悟道	定方晟著	180元
㊻金剛經的生活智慧	劉欣如著	180元

•經 營 管 理• 電腦編號 01

◎創新經營管理六十六大計（精）	蔡弘文編	780元
①如何獲取生意情報	蘇燕謀譯	110元
②經濟常識問答	蘇燕謀譯	130元
④台灣商戰風雲錄	陳中雄著	120元
⑤推銷大王秘錄	原一平著	180元
⑥新創意・賺大錢	王家成譯	90元
⑦工廠管理新手法	琪　輝著	120元
⑨經營參謀	柯順隆譯	120元
⑩美國實業24小時	柯順隆譯	80元
⑪撼動人心的推銷法	原一平著	150元
⑫高竿經營法	蔡弘文編	120元
⑬如何掌握顧客	柯順隆譯	150元
⑭一等一賺錢策略	蔡弘文編	120元
⑯成功經營妙方	鐘文訓著	120元
⑰一流的管理	蔡弘文編	150元
⑱外國人看中韓經濟	劉華亭譯	150元
⑳突破商場人際學	林振輝編著	90元
㉑無中生有術	琪輝編著	140元
㉒如何使女人打開錢包	林振輝編著	100元
㉓操縱上司術	邑井操著	90元
㉔小公司經營策略	王嘉誠著	160元
㉕成功的會議技巧	鐘文訓編譯	100元
㉖新時代老闆學	黃柏松編著	100元
㉗如何創造商場智囊團	林振輝編譯	150元
㉘十分鐘推銷術	林振輝編譯	180元
㉙五分鐘育才	黃柏松編譯	100元
㉚成功商場戰術	陸明編譯	100元
㉛商場談話技巧	劉華亭編譯	120元
㉜企業帝王學	鐘文訓譯	90元
㉝自我經濟學	廖松濤編譯	100元
㉞一流的經營	陶田生編著	120元
㉟女性職員管理術	王昭國編譯	120元
㊱ＩＢＭ的人事管理	鐘文訓編譯	150元
㊲現代電腦常識	王昭國編譯	150元
㊳電腦管理的危機	鐘文訓編譯	120元
㊴如何發揮廣告效果	王昭國編譯	150元

㊵最新管理技巧	王昭國編譯	150元
㊶一流推銷術	廖松濤編譯	150元
㊷包裝與促銷技巧	王昭國編譯	130元
㊸企業王國指揮塔	松下幸之助著	120元
㊹企業精銳兵團	松下幸之助著	120元
㊺企業人事管理	松下幸之助著	100元
㊻華僑經商致富術	廖松濤編譯	130元
㊼豐田式銷售技巧	廖松濤編譯	180元
㊽如何掌握銷售技巧	王昭國編著	130元
㊿洞燭機先的經營	鐘文訓編譯	150元
52新世紀的服務業	鐘文訓編譯	100元
53成功的領導者	廖松濤編譯	120元
54女推銷員成功術	李玉瓊編譯	130元
55ＩＢＭ人才培育術	鐘文訓編譯	100元
56企業人自我突破法	黃琪輝編著	150元
58財富開發術	蔡弘文編著	130元
59成功的店舖設計	鐘文訓編著	150元
61企管回春法	蔡弘文編著	130元
62小企業經營指南	鐘文訓編譯	100元
63商場致勝名言	鐘文訓編譯	150元
64迎接商業新時代	廖松濤編譯	100元
66新手股票投資入門	何朝乾　編	200元
67上揚股與下跌股	何朝乾編譯	180元
68股票速成學	何朝乾編譯	200元
69理財與股票投資策略	黃俊豪編著	180元
70黃金投資策略	黃俊豪編著	180元
71厚黑管理學	廖松濤編譯	180元
72股市致勝格言	呂梅莎編譯	180元
73透視西武集團	林谷燁編譯	150元
76巡迴行銷術	陳蒼杰譯	150元
77推銷的魔術	王嘉誠譯	120元
78 60秒指導部屬	周蓮芬編譯	150元
79精銳女推銷員特訓	李玉瓊編譯	130元
80企劃、提案、報告圖表的技巧	鄭　汶　譯	180元
81海外不動產投資	許達守編譯	150元
82八百件的世界策略	李玉瓊譯	150元
83服務業品質管理	吳宜芬譯	180元
84零庫存銷售	黃東謙編譯	150元
85三分鐘推銷管理	劉名揚編譯	150元
86推銷大王奮鬥史	原一平著	150元
87豐田汽車的生產管理	林谷燁編譯	150元

・成功寶庫・電腦編號02

①上班族交際術	江森滋著	100元
②拍馬屁訣竅	廖玉山編譯	110元
④聽話的藝術	歐陽輝編譯	110元
⑨求職轉業成功術	陳 義編著	110元
⑩上班族禮儀	廖玉山編著	120元
⑪接近心理學	李玉瓊編著	100元
⑫創造自信的新人生	廖松濤編著	120元
⑭上班族如何出人頭地	廖松濤編著	100元
⑮神奇瞬間瞑想法	廖松濤編譯	100元
⑯人生成功之鑰	楊意苓編著	150元
⑲給企業人的諍言	鐘文訓編著	120元
⑳企業家自律訓練法	陳 義編譯	100元
㉑上班族妖怪學	廖松濤編著	100元
㉒猶太人縱橫世界的奇蹟	孟佑政編著	110元
㉓訪問推銷術	黃靜香編著	130元
㉕你是上班族中強者	嚴思圖編著	100元
㉖向失敗挑戰	黃靜香編著	100元
㉙機智應對術	李玉瓊編著	130元
㉚成功頓悟100則	蕭京凌編譯	130元
㉛掌握好運100則	蕭京凌編譯	110元
㉜知性幽默	李玉瓊編譯	130元
㉝熟記對方絕招	黃靜香編譯	100元
㉞男性成功秘訣	陳蒼杰編譯	130元
㊱業務員成功秘方	李玉瓊編著	120元
㊲察言觀色的技巧	劉華亭編著	180元
㊳一流領導力	施義彥編譯	120元
㊴一流說服力	李玉瓊編著	130元
㊵30秒鐘推銷術	廖松濤編譯	150元
㊶猶太成功商法	周蓮芬編譯	120元
㊷尖端時代行銷策略	陳蒼杰編著	100元
㊸顧客管理學	廖松濤編著	100元
㊹如何使對方說Yes	程 羲編著	150元
㊺如何提高工作效率	劉華亭編著	150元
㊼上班族口才學	楊鴻儒譯	120元
㊽上班族新鮮人須知	程 羲編著	120元
㊾如何左右逢源	程 羲編著	130元
㊿語言的心理戰	多湖輝著	130元
(51)扣人心弦演說術	劉名揚編著	120元

㊸如何增進記憶力、集中力	廖松濤譯	130元
㊺性惡企業管理學	陳蒼杰譯	130元
㊻自我啟發200招	楊鴻儒編著	150元
㊼做個傑出女職員	劉名揚編著	130元
㊽靈活的集團營運術	楊鴻儒編著	120元
㊿個案研究活用法	楊鴻儒編著	130元
61企業教育訓練遊戲	楊鴻儒編著	120元
62管理者的智慧	程　義編譯	130元
63做個佼佼管理者	馬筱莉編譯	130元
64智慧型說話技巧	沈永嘉編譯	130元
66活用佛學於經營	松濤弘道著	150元
67活用禪學於企業	柯素娥編譯	130元
68詭辯的智慧	沈永嘉編譯	150元
69幽默詭辯術	廖玉山編譯	150元
70拿破崙智慧箴言	柯素娥編譯	130元
71自我培育・超越	蕭京凌編譯	150元
74時間即一切	沈永嘉編譯	130元
75自我脫胎換骨	柯素娥譯	150元
76贏在起跑點—人才培育鐵則	楊鴻儒編譯	150元
77做一枚活棋	李玉瓊編譯	130元
78面試成功戰略	柯素娥編譯	130元
79自我介紹與社交禮儀	柯素娥編譯	150元
80說NO的技巧	廖玉山編譯	130元
81瞬間攻破心防法	廖玉山編譯	120元
82改變一生的名言	李玉瓊編譯	130元
83性格性向創前程	楊鴻儒編譯	130元
84訪問行銷新竅門	廖玉山編譯	150元
85無所不達的推銷話術	李玉瓊編譯	150元

・處世智慧・電腦編號03

①如何改變你自己	陸明編譯	120元
⑥靈感成功術	譚繼山編譯	80元
⑧扭轉一生的五分鐘	黃柏松編譯	100元
⑩現代人的詭計	林振輝譯	100元
⑫如何利用你的時間	蘇遠謀譯	80元
⑬口才必勝術	黃柏松編譯	120元
⑭女性的智慧	譚繼山編譯	90元
⑮如何突破孤獨	張文志編譯	80元
⑯人生的體驗	陸明編譯	80元
⑰微笑社交術	張芳明譯	90元

⑱幽默吹牛術	金子登著	90元
⑲攻心說服術	多湖輝著	100元
⑳當機立斷	陸明編譯	70元
㉑勝利者的戰略	宋恩臨編譯	80元
㉒如何交朋友	安紀芳編著	70元
㉓鬥智奇謀（諸葛孔明兵法）	陳炳崑著	70元
㉔慧心良言	亦　奇著	80元
㉕名家慧語	蔡逸鴻主編	90元
㉗稱霸者啟示金言	黃柏松編譯	90元
㉘如何發揮你的潛能	陸明編譯	90元
㉙女人身態語言學	李常傳譯	130元
㉚摸透女人心	張文志譯	90元
㉛現代戀愛秘訣	王家成譯	70元
㉜給女人的悄悄話	妮倩編譯	90元
㉞如何開拓快樂人生	陸明編譯	90元
㉟驚人時間活用法	鐘文訓譯	80元
㊱成功的捷徑	鐘文訓譯	70元
㊲幽默逗笑術	林振輝著	120元
㊳活用血型讀書法	陳炳崑譯	80元
㊴心　燈	葉于模著	100元
㊵當心受騙	林顯茂譯	90元
㊶心・體・命運	蘇燕謀譯	70元
㊷如何使頭腦更敏銳	陸明編譯	70元
㊸宮本武藏五輪書金言錄	宮本武藏著	100元
㊺勇者的智慧	黃柏松編譯	80元
㊼成熟的愛	林振輝譯	120元
㊽現代女性駕馭術	蔡德華著	90元
㊾禁忌遊戲	酒井潔著	90元
52摸透男人心	劉華亭編譯	80元
53如何達成願望	謝世輝著	90元
54創造奇蹟的「想念法」	謝世輝著	90元
55創造成功奇蹟	謝世輝著	90元
56男女幽默趣典	劉華亭譯	90元
57幻想與成功	廖松濤譯	80元
58反派角色的啟示	廖松濤編譯	70元
59現代女性須知	劉華亭編著	75元
61機智說話術	劉華亭編譯	100元
62如何突破內向	姜倩怡編譯	110元
64讀心術入門	王家成編譯	100元
65如何解除內心壓力	林美羽編著	110元
66取信於人的技巧	多湖輝著	110元

⑹如何培養堅強的自我	林美羽編著	90元
⑱自我能力的開拓	卓一凡編著	110元
⑰縱橫交涉術	嚴思圖編著	90元
⑪如何培養妳的魅力	劉文珊編著	90元
⑫魅力的力量	姜倩怡編著	90元
⑮個性膽怯者的成功術	廖松濤編譯	100元
⑯人性的光輝	文可式編著	90元
⑲培養靈敏頭腦秘訣	廖玉山編著	90元
⑳夜晚心理術	鄭秀美編譯	80元
㉑如何做個成熟的女性	李玉瓊編著	80元
㉒現代女性成功術	劉文珊編著	90元
㉓成功說話技巧	梁惠珠編譯	100元
㉔人生的真諦	鐘文訓編譯	100元
㉕妳是人見人愛的女孩	廖松濤編著	120元
㉗指尖・頭腦體操	蕭京凌編譯	90元
㉘電話應對禮儀	蕭京凌編著	120元
㉙自我表現的威力	廖松濤編譯	100元
㉚名人名語啟示錄	喬家楓編著	100元
㉛男與女的哲思	程鐘梅編譯	110元
㉜靈思慧語	牧　風著	110元
㉝心靈夜語	牧　風著	100元
㉞激盪腦力訓練	廖松濤編譯	100元
㉟三分鐘頭腦活性法	廖玉山編譯	110元
㊱星期一的智慧	廖玉山編譯	100元
㊲溝通說服術	賴文琇編譯	100元
㊳超速讀超記憶法	廖松濤編譯	140元

・健康與美容・電腦編號04

③媚酒傳（中國王朝秘酒）	陸明主編	120元
④藥酒與健康果菜汁	成玉主編	150元
⑤中國回春健康術	蔡一藩著	100元
⑥奇蹟的斷食療法	蘇燕謀譯	110元
⑧健美食物法	陳炳崑譯	120元
⑨驚異的漢方療法	唐龍編著	90元
⑩不老強精食	唐龍編著	100元
⑫五分鐘跳繩健身法	蘇明達譯	100元
⑬睡眠健康法	王家成譯	80元
⑭你就是名醫	張芳明譯	90元
⑮如何保護你的眼睛	蘇燕謀譯	70元
⑲釋迦長壽健康法	譚繼山譯	90元

⑳腳部按摩健康法	譚繼山譯	120元
㉑自律健康法	蘇明達譯	90元
㉓身心保健座右銘	張仁福著	160元
㉔腦中風家庭看護與運動治療	林振輝譯	100元
㉕秘傳醫學人相術	成玉主編	120元
㉖導引術入門(1)治療慢性病	成玉主編	110元
㉗導引術入門(2)健康・美容	成玉主編	110元
㉘導引術入門(3)身心健康法	成玉主編	110元
㉙妙用靈藥・蘆薈	李常傳譯	150元
㉚萬病回春百科	吳通華著	150元
㉛初次懷孕的10個月	成玉編譯	130元
㉜中國秘傳氣功治百病	陳炳崑編譯	130元
㉟仙人長生不老學	陸明編譯	100元
㊱釋迦秘傳米粒刺激法	鐘文訓譯	120元
㊲痔・治療與預防	陸明編譯	130元
㊳自我防身絕技	陳炳崑編譯	120元
㊴運動不足時疲勞消除法	廖松濤譯	110元
㊵三溫暖健康法	鐘文訓編譯	90元
㊸維他命與健康	鐘文訓譯	150元
㊺森林浴—綠的健康法	劉華亭編譯	80元
㊼導引術入門(4)酒浴健康法	成玉主編	90元
㊽導引術入門(5)不老回春法	成玉主編	90元
㊾山白竹（劍竹）健康法	鐘文訓譯	90元
㊿解救你的心臟	鐘文訓編譯	100元
51牙齒保健法	廖玉山譯	90元
52超人氣功法	陸明編譯	110元
54借力的奇蹟(1)	力拔山著	100元
55借力的奇蹟(2)	力拔山著	100元
56五分鐘小睡健康法	呂添發撰	120元
57禿髮、白髮預防與治療	陳炳崑撰	120元
59艾草健康法	張汝明編譯	90元
60一分鐘健康診斷	蕭京凌編譯	90元
61念術入門	黃靜香編譯	90元
62念術健康法	黃靜香編譯	90元
63健身回春法	梁惠珠編譯	100元
64姿勢養生法	黃秀娟編譯	90元
65仙人瞑想法	鐘文訓譯	120元
66人蔘的神效	林慶旺譯	100元
67奇穴治百病	吳通華著	120元
68中國傳統健康法	靳海東著	100元
71酵素健康法	楊　皓編譯	120元

⑬腰痛預防與治療	五味雅吉著	130元
⑭如何預防心臟病・腦中風	譚定長等著	100元
⑮少女的生理秘密	蕭京凌譯	120元
⑯頭部按摩與針灸	楊鴻儒譯	100元
⑰雙極療術入門	林聖道著	100元
⑱氣功自療法	梁景蓮著	120元
⑲大蒜健康法	李玉瓊編譯	100元
㉛健胸美容秘訣	黃靜香譯	120元
㉜鍺奇蹟療效	林宏儒譯	120元
㉝三分鐘健身運動	廖玉山譯	120元
㉞尿療法的奇蹟	廖玉山譯	120元
㉟神奇的聚積療法	廖玉山譯	120元
㊱預防運動傷害伸展體操	楊鴻儒編譯	120元
㊳五日就能改變你	柯素娥譯	110元
㊴三分鐘氣功健康法	陳美華譯	120元
㊶道家氣功術	早島正雄著	130元
㊷氣功減肥術	早島正雄著	120元
㊸超能力氣功法	柯素娥譯	130元
㊹氣的瞑想法	早島正雄著	120元

・家庭／生活・電腦編號05

①單身女郎生活經驗談	廖玉山編著	100元
②血型・人際關係	黃靜編著	120元
③血型・妻子	黃靜編著	110元
④血型・丈夫	廖玉山編譯	130元
⑤血型・升學考試	沈永嘉編譯	120元
⑥血型・臉型・愛情	鐘文訓編譯	120元
⑦現代社交須知	廖松濤編譯	100元
⑧簡易家庭按摩	鐘文訓編譯	150元
⑨圖解家庭看護	廖玉山編譯	120元
⑩生男育女隨心所欲	岡正基編著	160元
⑪家庭急救治療法	鐘文訓編著	100元
⑫新孕婦體操	林曉鐘譯	120元
⑬從食物改變個性	廖玉山編譯	100元
⑭藥草的自然療法	東城百合子著	200元
⑮糙米菜食與健康料理	東城百合子著	180元
⑯現代人的婚姻危機	黃　靜編著	90元
⑰親子遊戲　0歲	林慶旺編譯	100元
⑱親子遊戲　1～2歲	林慶旺編譯	110元
⑲親子遊戲　3歲	林慶旺編譯	100元

⑳女性醫學新知	林曉鐘編譯	130元
㉑媽媽與嬰兒	張汝明編譯	180元
㉒生活智慧百科	黃　靜編譯	100元
㉓手相・健康・你	林曉鐘編譯	120元
㉔菜食與健康	張汝明編譯	110元
㉕家庭素食料理	陳東達著	140元
㉖性能力活用秘法	米開・尼里著	150元
㉗兩性之間	林慶旺編譯	120元
㉘性感經穴健康法	蕭京凌編譯	150元
㉙幼兒推拿健康法	蕭京凌編譯	100元
㉚談中國料理	丁秀山編著	100元
㉛舌技入門	增田豐　著	160元
㉜預防癌症的飲食法	黃靜香編譯	150元
㉝性與健康寶典	黃靜香編譯	180元
㉞正確避孕法	蕭京凌編譯	130元
㉟吃的更漂亮美容食譜	楊萬里著	120元
㊱圖解交際舞速成	鐘文訓編譯	150元
㊲觀相導引術	沈永嘉譯	130元
㊳初為人母12個月	陳義譯	180元
㊴圖解麻將入門	顧安行編譯	160元
㊵麻將必勝秘訣	石利夫編譯	160元
㊶女性一生與漢方	蕭京凌編譯	100元
㊷家電的使用與修護	鐘文訓編譯	160元
㊸錯誤的家庭醫療法	鐘文訓編譯	100元
㊹簡易防身術	陳慧珍編譯	130元
㊺茶健康法	鐘文訓編譯	130元
㊻雞尾酒大全	劉雪卿譯	180元
㊼生活的藝術	沈永嘉編著	120元
㊽雜草雜果健康法	沈永嘉編著	120元
㊾如何選擇理想妻子	荒谷慈著	110元
㊿如何選擇理想丈夫	荒谷慈著	110元
51中國食與性的智慧	根本光人著	150元
52開運法話	陳宏男譯	100元
53禪語經典＜上＞	平田精耕著	150元
54禪語經典＜下＞	平田精耕著	150元
55手掌按摩健康法	鐘文訓譯	180元
56脚底按摩健康法	鐘文訓譯	150元
57仙道運氣健身法	李玉瓊譯	150元
58健心、健體呼吸法	蕭京凌譯	120元
59自彊術入門	蕭京凌譯	120元
60指技入門	增田豐著	160元

⑥①下半身鍛鍊法	增田豐著	180元
⑥②表象式學舞法	黃靜香編譯	180元
⑥③圖解家庭瑜伽	鐘文訓譯	130元
⑥④食物治療寶典	黃靜香編譯	130元
⑥⑤智障兒保育入門	楊鴻儒譯	130元
⑥⑥自閉兒童指導入門	楊鴻儒譯	180元
⑥⑦乳癌發現與治療	黃靜香譯	130元
⑥⑧盆栽培養與欣賞	廖啟新編譯	180元
⑥⑨世界手語入門	蕭京凌編譯	180元
⑦⓪賽馬必勝法	李錦雀編譯	200元
⑦①中藥健康粥	蕭京凌編譯	120元
⑦②健康食品指南	劉文珊編譯	130元
⑦③健康長壽飲食法	鐘文訓編譯	150元
⑦④夜生活規則	增田豐著	160元
⑦⑤自製家庭食品	鐘文訓編譯	200元
⑦⑥仙道帝王招財術	廖玉山譯	130元
⑦⑦「氣」的蓄財術	劉名揚譯	130元
⑦⑧佛教健康法入門	劉名揚譯	130元
⑦⑨男女健康醫學	郭汝蘭譯	150元
⑧⓪成功的果樹培育法	張煌編譯	130元
⑧①實用家庭菜園	孔翔儀編譯	130元
⑧②氣與中國飲食法	柯素娥編譯	130元
⑧③世界生活趣譚	林其英著	160元
⑧④胎教二八〇天	鄭淑美譯	180元
⑧⑤酒自己動手釀	柯素娥編著	160元
⑧⑥自己動「手」健康法	手嶋曻著	160元
⑧⑦香味活用法	森田洋子著	160元
⑧⑧寰宇趣聞搜奇	林其英著	200元
⑧⑨手指回旋健康法	栗田昌裕著	200元

・命理與預言・電腦編號06

①星座算命術	張文志譯	120元
②中國式面相學入門	蕭京凌編著	180元
③圖解命運學	陸明編著	200元
④中國秘傳面相術	陳炳崑編著	110元
⑤13星座占星術	馬克・矢崎著	200元
⑥命名彙典	水雲居士編著	180元
⑦簡明紫微斗術命運學	唐龍編著	130元
⑧住宅風水吉凶判斷法	琪輝編譯	180元
⑨鬼谷算命秘術	鬼谷子著	150元

⑩密教開運咒法	中岡俊哉著	250元
⑪女性星魂術	岩滿羅門著	200元
⑫簡明四柱推命學	李常傳編譯	150元
⑬手相鑑定奧秘	高山東明著	200元
⑭簡易精確手相	高山東明著	200元
⑮啟示錄中的世界末日	蘇燕謀編譯	80元
⑯女巫的咒法	柯素娥譯	230元
⑰六星命運占卜學	馬文莉編著	230元
⑱樸克牌占卜入門	王家成譯	100元
⑲Ａ血型與十二生肖	鄒雲英編譯	90元
⑳Ｂ血型與十二生肖	鄒雲英編譯	90元
㉑Ｏ血型與十二生肖	鄒雲英編譯	100元
㉒ＡＢ血型與十二生肖	鄒雲英編譯	90元
㉓筆跡占卜學	周子敬著	220元
㉔神秘消失的人類	林達中譯	80元
㉕世界之謎與怪談	陳炳崑譯	80元
㉖符咒術入門	柳玉山人編	150元
㉗神奇的白符咒	柳玉山人編	160元
㉘神奇的紫符咒	柳玉山人編	200元
㉙秘咒魔法開運術	吳慧鈴編譯	180元
㉚諾米空秘咒法	馬克・矢崎著	220元
㉛改變命運的手相術	鐘文訓編著	120元
㉜黃帝手相占術	鮑黎明著	230元
㉝惡魔的咒法	杜美芳譯	230元
㉞脚相開運術	王瑞禎譯	130元
㉟面相開運術	許麗玲譯	150元
㊱房屋風水與運勢	邱震睿編譯	160元
㊲商店風水與運勢	邱震睿編譯	200元
㊳諸葛流天文遁甲	巫立華譯	150元
㊴聖帝五龍占術	廖玉山譯	180元
㊵萬能神算	張助馨編著	120元
㊶神祕的前世占卜	劉名揚譯	150元
㊷諸葛流奇門遁甲	巫立華譯	150元
㊸諸葛流四柱推命	巫立華譯	180元
㊹室內擺設創好運	小林祥晃著	200元
㊺室內裝潢開運法	小林祥晃著	230元
㊻新・大開運吉方位	小林祥晃著	200元
㊼風水的奧義	小林祥晃著	200元

國家圖書館出版品預行編目資料

六星命運占卜學/馬文莉編著
——初版，——臺北市，大展，民86
面；　　公分，——（命理與預言；17）
ISBN 957-557-696-9（平裝）

1. 占星術

292.22　　　　86002120

六星命運占卜學

ISBN 957-557-696-9

編著者/ 馬　文　莉
發行人/ 蔡　森　明
出版者/ 大展出版社有限公司
社　址/ 台北市北投區（石牌）致遠一路2段12巷1號
電　話/（02）8236031・8236033
傳　真/（02）8272069
郵政劃撥/ 0166955-1
登記證/ 局版臺業字第2171號
承印者/ 高星企業有限公司
裝　訂/ 日新裝訂所
排版者/ 弘益電腦排版有限公司
初　版/ 1997年（民86年）4月

定　價/ 230元

大展好書 好書大展

大展好書　好書大展